JN045724
うるせんだが めごいんだが
玲子
を
転倒っても
馬の
ら
ランドセ
歩いて
一年生
と
とんでもねえ
業晒しして また
酒の席
祥子
このつぼけ
オドの顔

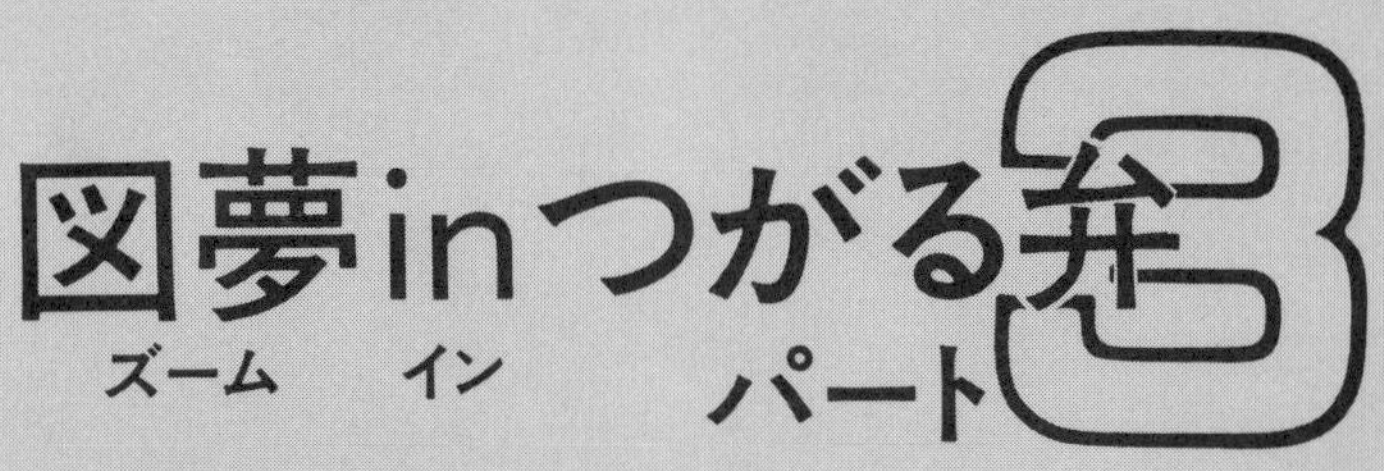

目次

渋さんの紹介

高瀬　霜石

渋さんは鞄を七つ持っている。

一つ目は勿論㈲銘茶の玉雲堂の社長のカバン。これが本職とことわらないと駄目な程、超多忙の毎日。

二つ目は、こっちが本職と思われている津軽弁研究家としての資料がわんさと入っている大きなカバン。講演は年間五十回を超える。

三つ目は遠州流の茶道。茶名は宗心。

四つ目はライオンズ。昔、大学を中退してヨーロッパ各地を転々二年間、じょっぱり旅行をした経験を生かして活躍中。

五つ目は日独親善友の会。津軽弁のほかに英語・独語なども混じえて国際交流に貢献したりで、重宝がられている。

六つ目は保護司という堅いカバン。

そして七つ目は川柳などの創作活動。川柳名は伯龍。本書のシリーズの他にも著作物多数。絵筆を持つ時はＨＩＰＰＯ（河馬）とサインをする才人。

現在八つ目、九つ目の鞄を準備中である。

しかしあまりに多忙、あまりにお人良しのおかげで、予定表の同じ時間に、二つ三つ予約がだぶることもしばしば。そしておおらかな性格上、ときとしてそれを失念することもままある。

我々、友人仲間は、そういうことをすべからく**シブタル**と言って常用し、彼をからかって遊んでいる。ハ、ハ、ハ、ハ……。

動作篇

——動作を中心に

あへずがしい、あへずがしね

せかせかとうるさい
せわしない

「小(ち)せのだばあへずかしくてまいね。
ササ、大きいのでどっと飲(や)れじゃ」
(小さいのだとせわしなくてだめだ。
さァさァ大きいのでどんと飲(や)りなさい)

tedious

痛い　短期的な痛み

「いでー!!　鋲さあがったじゃ」

（痛い!!　画鋲踏んじゃったよ）

Ouch!

おどがる

目がさめる

「タガシ、おどがてまたじゃ。しょんべだべが?」

（タカシ、おきちゃったよ。おしっこかな）

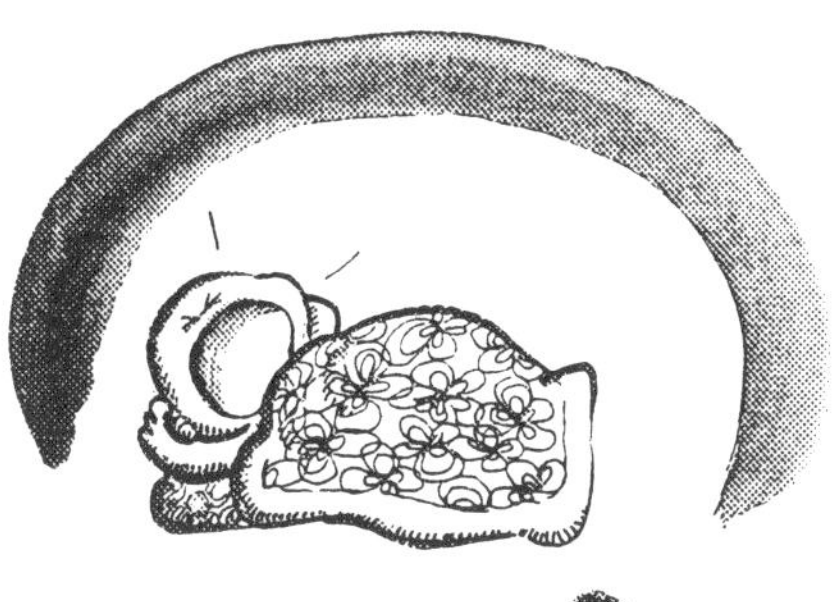

wake up

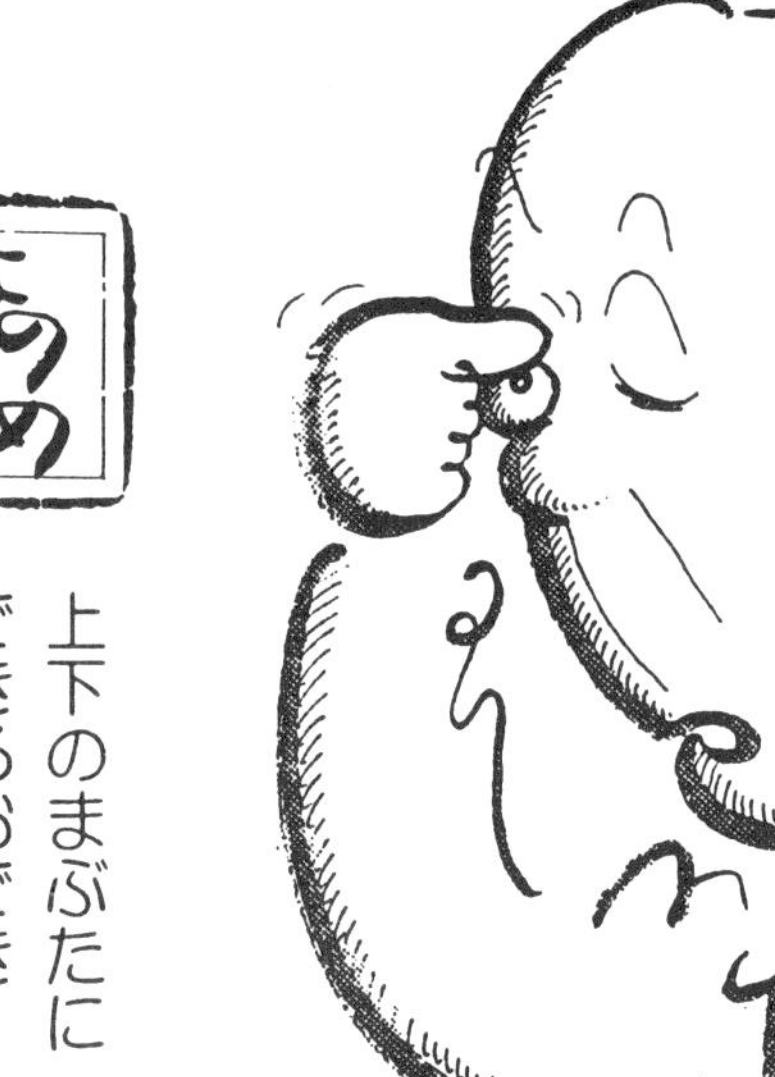

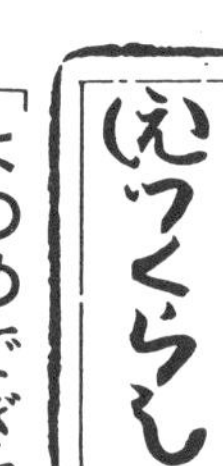

ゴリゴリして気持ちが悪い

「よのめでぎでらのさ。いつくらしくて
いつくらしくて」
（物貰いで来ちゃったのよ。ゴリゴリして
気持ち悪くて悪くて）

sore, sore eye

よのめ：上下のまぶたにできるおでき

いじ：ゴロゴロして痛い

「よのめ出はてよ。なんぼいじば」

（ものもらい出ちゃって。痛いんだよ）

lean against
おかがる
寄りかかる
おぼへる
おぼらへる
おんぶさせる
「ヒロシ、疲れで眠(ね)でまったじゃ」
「どら、我(わ)さおぼへなが」
(ヒロシ、疲れて眠っちゃったわ)
(どれ、俺におんぶさせろよ)
put on one's back

かがる

掛かる　轢(ひ)かれる　＊轢(ひ)くは〈かげる〉

「どご見で走(は)けでらんだば。
我(わ)、**かがったでば**」

（どこ見て走ってんだい。俺轢かれたぜ）

run over

かっくつうどす

くさくさする　いらいらする

「医者サマも何だがよぐ分がねんだど。
かっくつうどしてよ」

（お医者さんもよくわかんないらしいのよ。
いらいらしちゃうのよ）

frustrated

put on, put up, increase

かぶせる　かぶせてやる

さしかける

追加してやる　余分にやる

offer to eat

食わせる

「晩、寿司食(か)へるがな」

「寿司！　やったァ！」

（晩は、寿司食わしてやるかな）

（お寿司！　やったァ！）

＊〈たがれ〉について＊

たがれはたかる事で要するに、集まる、むらがるという事である。

おどかして取りあげる事や怒らせることもたかるというが、津軽弁のたがるは主にびっしりと寄り集まってる事をいう。

パート2に七たがれというのを描いたが、本当は七つどころではなく、まだまだある。

あがたがれ・がんぶたがれ・しらみたがれ・こびたがれなどという目に見えているたがれの他に、よぐたがれ・ほいどたがれ・貧乏たがれ・しんけたがれ・らんきたがれ・ぱちたがれという目に見えない、謂る精神上のたがれとでも云おうか、そんなのがある。

それにしても強度に神経質な人を〈しんけたがれ〉と表現した先人の感性には脱帽してしまう。

きっと、もっともっとたがれはある事だろう。

rummage through

かきまわす　かきまわして
ゴチャゴチャにする
「キャー。ヒロシ、我のもの
かましてらァ」
（キャー。ヒロシ、私のもの
かきまわしてるー）

steal

がめる

盗む

「畠サ積んでおいだりんご、一晩でゲロっと**がめらえ**でまたんだど。良ぐね奴いるなあ」

（畠に積んどいたりんご、一晩でそっくり盗まれちゃったんだって。悪い奴がいるんだねえ）

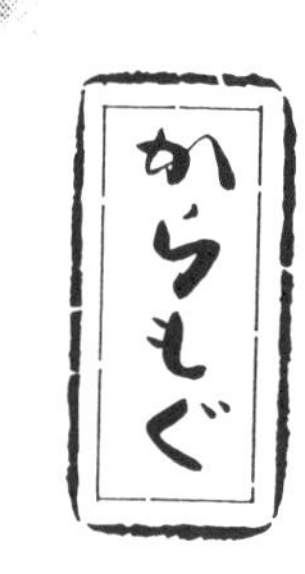

しきりに体を動かす

落ちつきがない

「まだ**からもいで**る」

（また寝相悪くしてる）

restless

「誰ェ、まだキヨシのケーキさ**がれかげだの**」
（だあれ、又キヨシのケーキに手をつけたの）

がれかげる

我利かける—掠めとる
ちょっと手をつける

take ... from ...

tired

こえ

疲れる

「ああ**こえ**じゃ。
連休アただだこえばしだじゃ」
（ああ疲れた。
連休はただ疲れるばっかしだよ）

きまやぐ
きまぐ

肝を焼く
腹が立つ

「はから酒呑んだりして、
何ぼ**きまやげる**べ」
（こんな早くから酒呑んだりして、
何て腹が立つことか）

angry

tell funny stories

ごたくあげる

御託　滑稽な話をする

とりとめのない無駄話

make someone do something

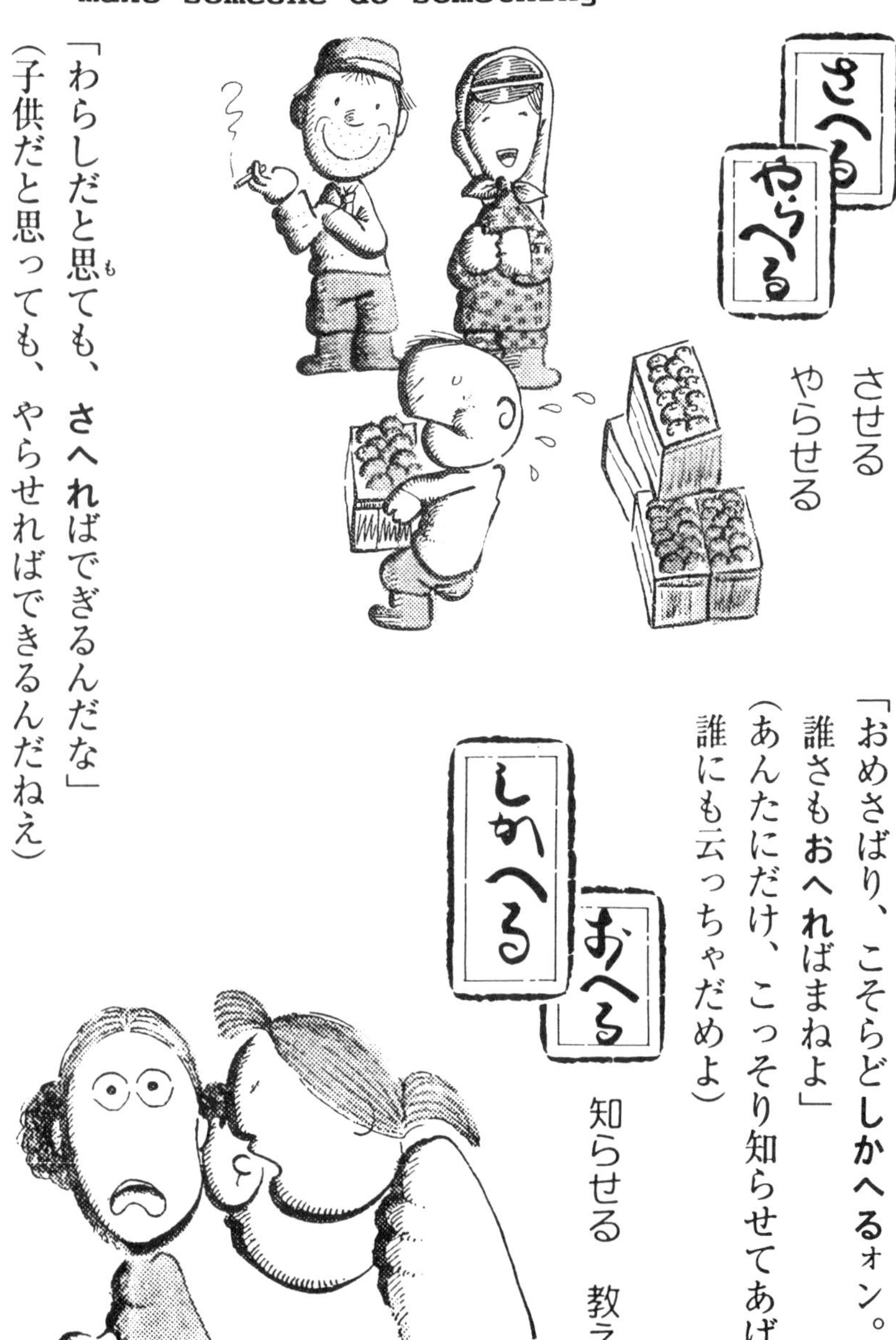

させる
やらせる

「わらしだと思ても、**さへれ**ばできるんだな」
（子供だと思っても、やらせればできるんだねえ）

知らせる　教える

「おめさばり、こそらど**しかへる**ォン。
誰さも**おへれ**ばまねよ」
（あんたにだけ、こっそり知らせてあげる。
誰にも云っちゃだめよ）

disclose

knead dough

しとねる

粉を水やお湯で練る

「までに**しとね**で、旨ェ(め)だんごつくって、あれんどさ食へるんだど」
（念入りに練って、おいしい団子つくって、あの人たちに食べてもらうんですって）

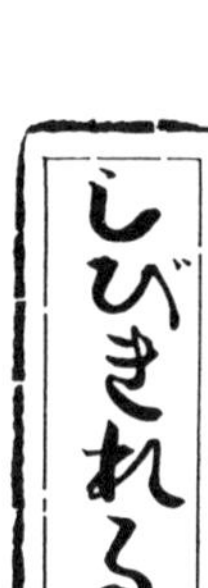

しびきれる

あかぎれができる
ひびわれする

「今頃になれば、いっつも**しびきれる**の。痛(いで)ふてサ」

（今頃になれば、いつもあかぎれができちゃうの。痛いのよー）

chapped

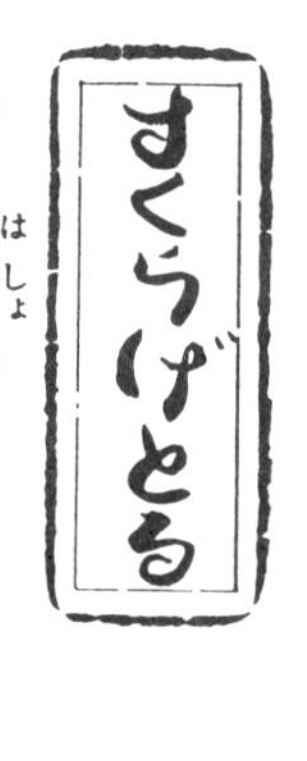

tuck in

尻を端折(はしょ)る

「爺っこァ又**すくらげとって**
踊りコ始めだェ」

（爺さん又、尻を端折って
踊り始めたよ）

体を後ろに反(そ)らして気張る
威張ってふんぞりかえる

「あんだ、まああんまり
そたらに**しょきぱて**ねで
楽にへへ」

（あなた、まあそんなに
ふんぞりかえってないで
楽にしなさい）

haughtily

embrace

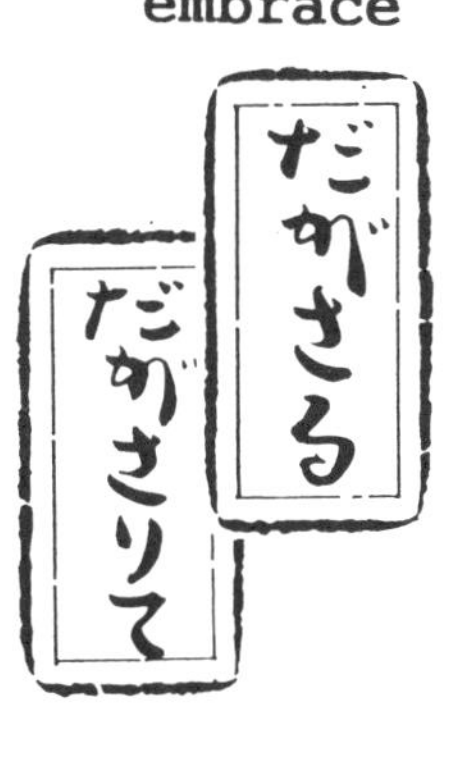

抱いてもらう
抱いてもらいたがる

つらつぎす

あてつけるように嫌な顔をする
わざと嫌な顔をする

「出してやった嫁、焼香に来たっきゃ、姑(ばば)ァ**つらつぎ**してよ」
(出してやった嫁サンが焼香に来たら姑サン露骨に嫌な顔すンのよ)

glare at

overturn

とっくらがる

とっくらげす

ひっくりかえる

ひっくりかえす

とっつかめる

とっつかまえる

「さあ、**とっつかめだぞオ。**

これァ誰（だえ）だべなァ」

catch

lie on one's back, lie on one's side,

あおむけになる　横になる

寝転ぶ　腹這いになる

lie on one's stomach

respond to someone well

なつく

「犬コだば**なずい**でほんとに
めごいきゃ」

（犬ってなついてほんとに
かわいいのよねぇ）

煮込みすぎて汁がなくなって
しまう　煮つまる

「いいかげんにさなが、
鍋ァ、**にしじまって**まるね」

（いいかげんにしないか。
鍋が煮つまっちゃうぞ）

cool down

boil, burst out laughing

にだってまる

煮立つ
笑いが沸き立つこと

「あんまりおがしい話で
みんな**にだってまたの**」
（あんまりおかしい話で
みんな大笑いしちゃった）

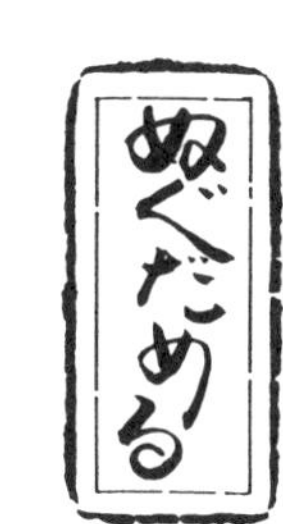

あたためる

「へば、ＰＴＡさ行ってくるはで、ままど
おづげ**ぬぐだめで**食ってでけ」
（じゃ、ＰＴＡに行ってくるから、ご飯と
おつゆあたためて食べといて）

 heet up

lull a baby to sleep

寝せる

「わいん重(も)で、眠(ね)てまて起ぎねよ」

「そのまま、**寝(ね)へ**ながｰ」

（わァ重い、眠っちゃって起きないわよ）

（そのまま、寝かせちゃいな）

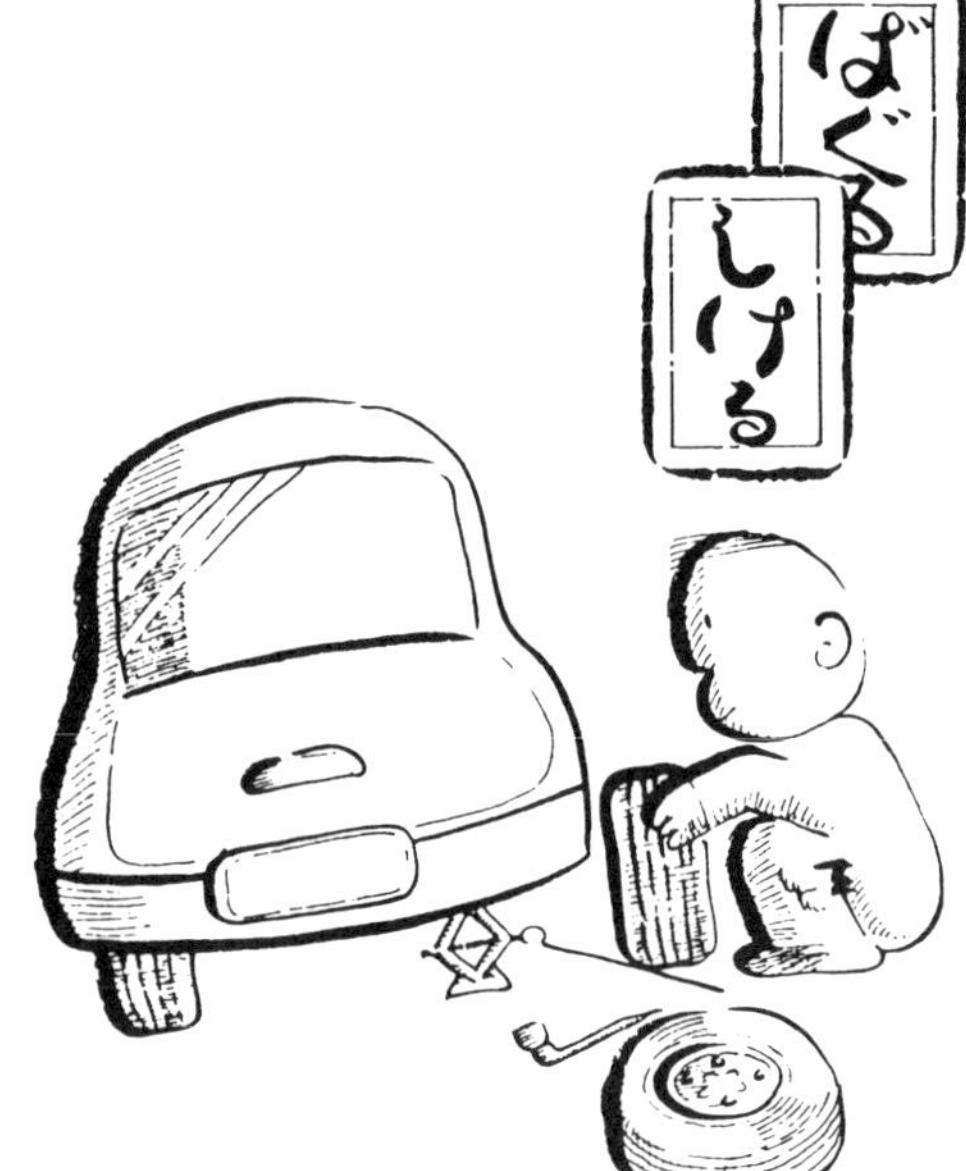

博労ーばぐる　仕替えるーしける

共にとりかえる　交換すること

「こんだだば降ねべね。
タイヤ**ばぐる**じゃ」

（こんどはもうー雪がー降らんだろう。
タイヤ取り替えよう）

change

improve rapidly or deteriorate rapidly

bother

ねだる
せがむ
催促する

脚を大きく開く

「その時、脚ずっぱど**ははげ**でよ、見へたがったじゃ」

(その時、脚いっぱいに開いてサ、見せたかったぜ)

spreading one's legs

ばやめぐ

うろつく

wander about

「お婆ちゃ、いつまで**ばやめ**でるの。早(はえ)ぐ寝(ね)へんが」

（お婆ちゃん、いつまでうろうろしてんのよ。早く寝なさいよ）

へがへる

急(せ)がせる
わざと怒らせる

force someone to hurry up

「こらダイスケ、まだユキとば**へがへ**で」
（こらダイスケ、又ユキをからかって泣かせて）

spill

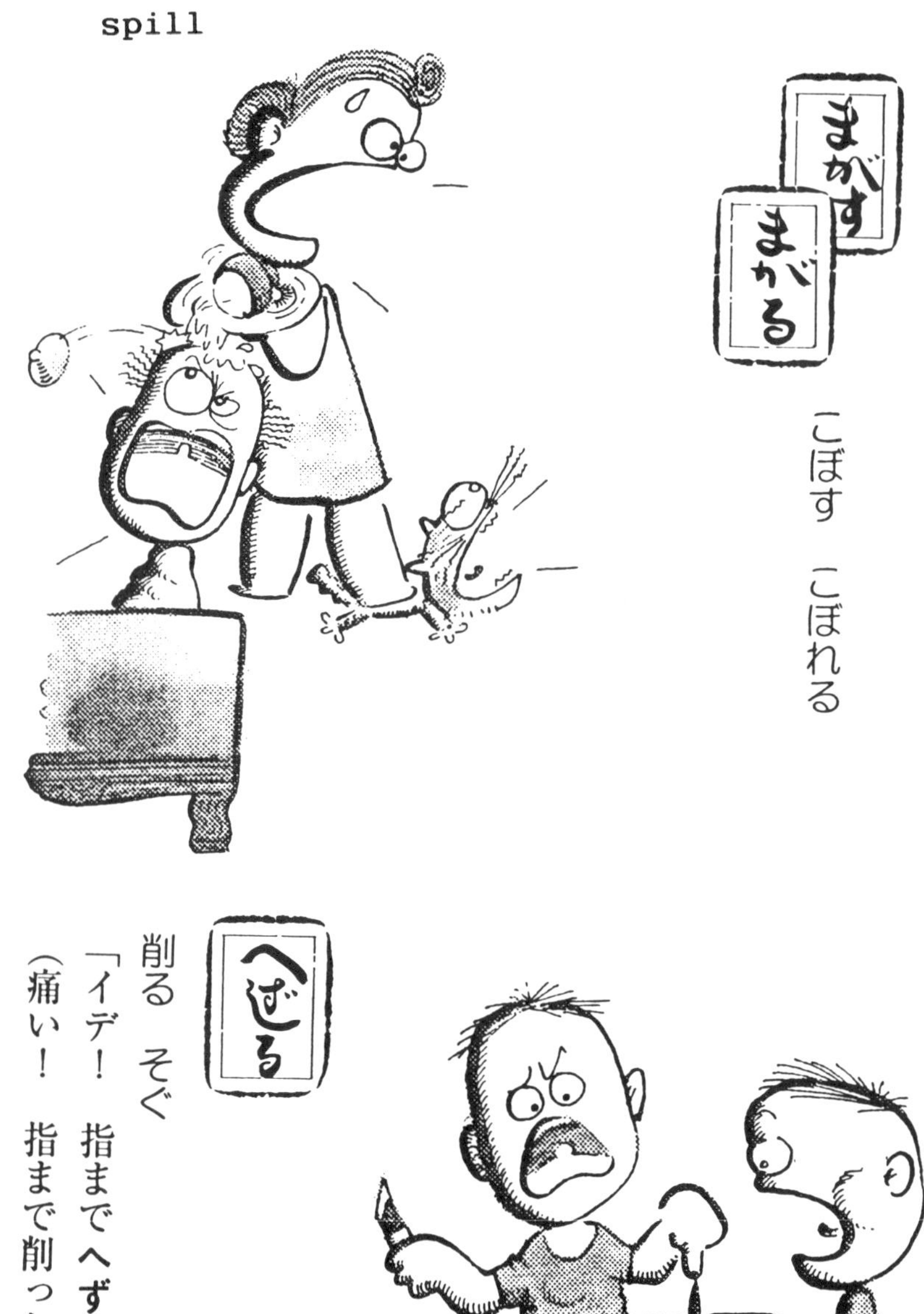

まがす
まがる

こぼす　こぼれる

へずる

削る　そぐ

「イデー！　指までへずったじゃ！」

（痛い！　指まで削っちゃったよ！）

slice

break

もげる

折れてとれる

「下がったきゃ、**もげだじゃ**」

「あれーた。父親(おど)にきまがえるー」

(ぶらさがったら、折れちゃったよ)

(うわぁ。おやじにどやされるぞー)

むじる

体や物をねじる　ひねる

stretch, twist

名篇

——物・事柄の名称など

the eldest brother, the second eldest brother,

あに
長男

あね
長男の嫁

おんじ
次男

おばこ
次男の嫁

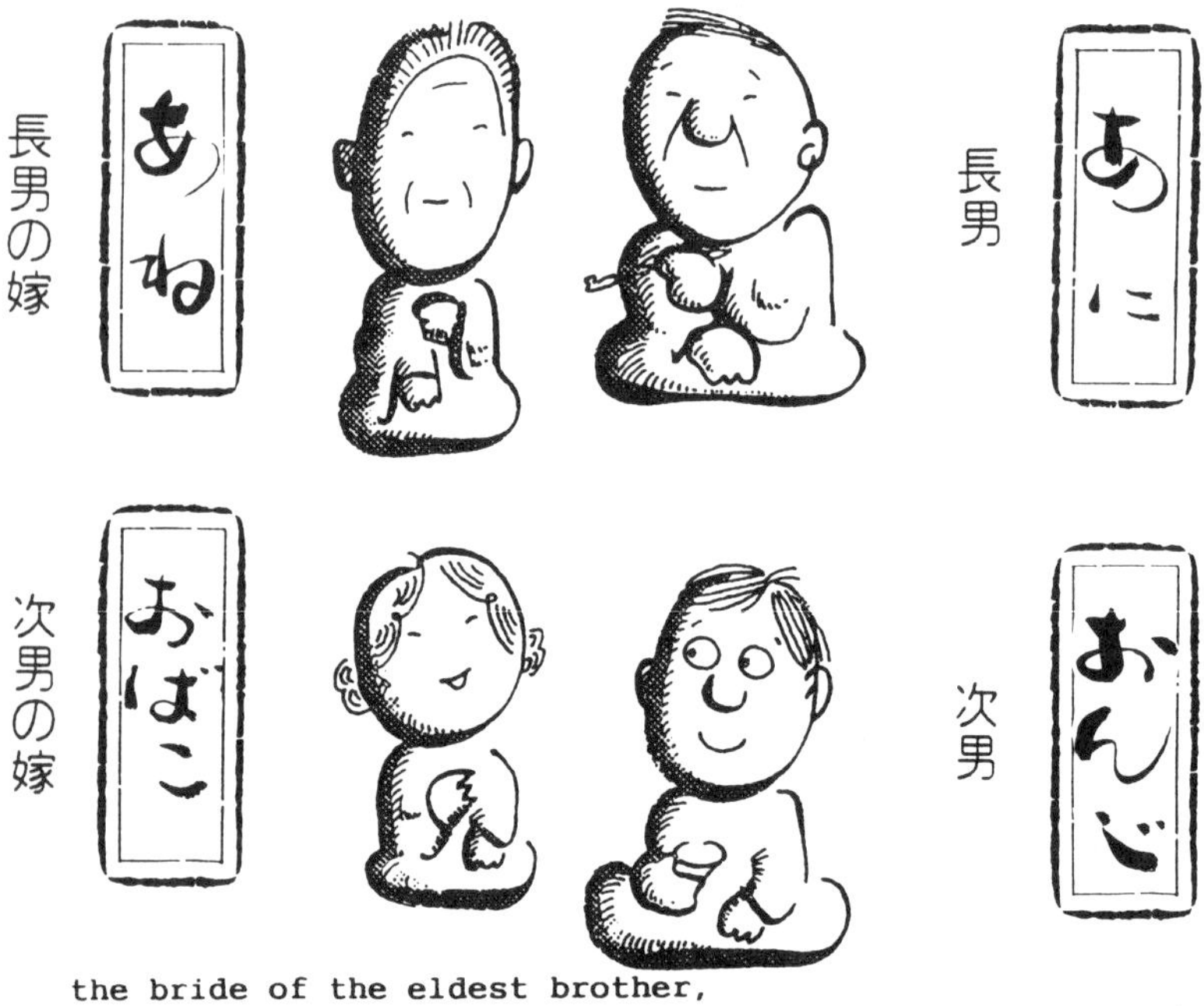

the bride of the eldest brother,

the bride of the second eldest brother,

my home, your home

おえのえ

わたしの家　おえは俺

あなたの家は〈ねの　え〉

「最後、**おえの家**で、しゃじゃらっとやるべし」

（最後、うちで軽く――一杯――やろうよ）

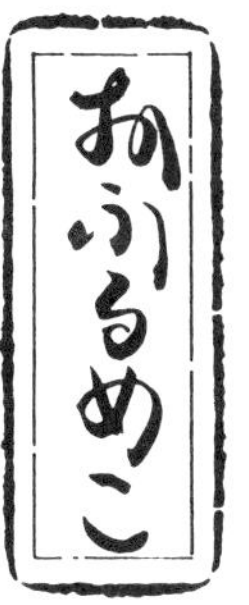

お振舞コ　お客様遊び　ままごと

playing house

glutton

おおまぐらい

大食(ぐら)い
たくさんたべる人

「オローなんぼ**おおまぐらい**だべ」

「んでば、あの体見なが」

（ウワァ、なんてたくさん食べるんだろ）

（そうねえ、あの体見て）

かがわら

小藪　芝原　芝生

「わあ、どごで採ったの！」

「そごの**かがわら**コがらよ」

（わあ、どこで採ったの！）

（そこの藪からだよ）

bush

a scholar who may or may not be wise

おんべはがせ
おんべさま

「昔だば、田舎てば田舎、町てば町サ、
必ず**おんべさま**居だもんだね」
(昔は、田舎といえば田舎、町といえば町に、
必ず物知り居たもんだよ)

物知り　何でもよく知ってる人
知ったかぶりをする人をも小馬鹿にして云う

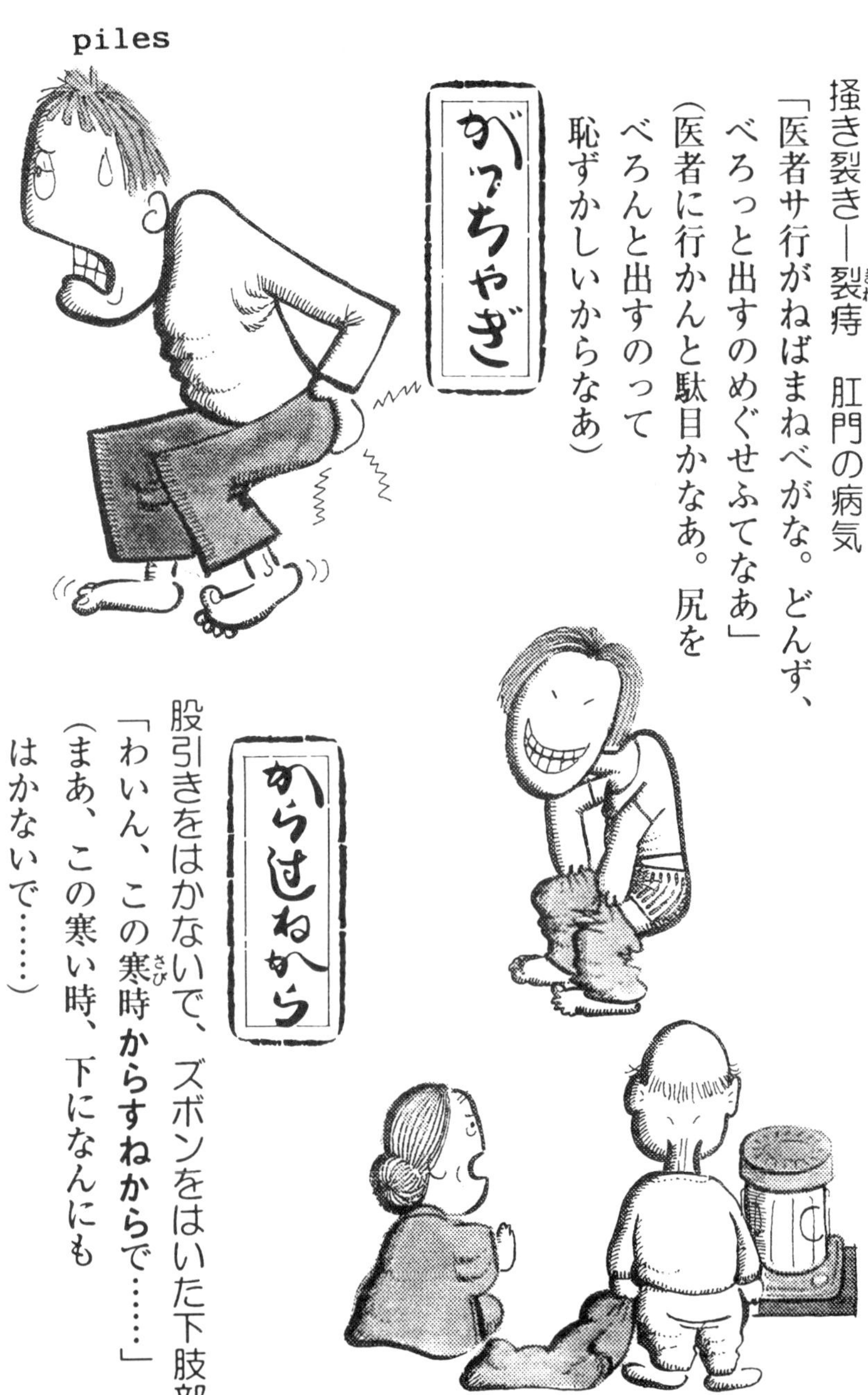

piles

がっちゃぎ

掻き裂き——裂痔（きれじ）　肛門の病気

「医者サ行がねばまねべがな。どんず、べろっと出すのめぐせふてなあ」

（医者に行かんと駄目かなあ。尻をべろんと出すのって恥ずかしいからなあ）

からすねから

股引きをはかないで、ズボンをはいた下肢部

「わいん、この寒時（さび）**からすねから**で……」

（まあ、この寒い時、下になんにもはかないで……）

a bare leg under trousers

peanats

南京豆　落花生　からつきピーナッツ　関東豆
「これ、なんぼでも食わさって、
やめらえねきゃ」
（これ、いくらでもたべられて、
やめらンないのよねえ）

がんじょま

痩せて弱い馬—力弱い馬、人
＊元は五調、岩乗、頑丈などと名馬の意だったが、
津軽ではなぜか反対の意味に転じた使い方が多い。

「ガリガリって骨ばりで**がんじょま**だけんたね」

（ガリガリに骨ばってて、痩せ馬みたいだよ）

corn

とうもろこし
黄実ーきびーきみ
津軽ではダケきみ
（岩木山の嶽きみ）が有名

きな

昨日（きのう）

おどでな

一昨日（おととい）

「きなもおどでなも雨で、
今日もが……」
（昨日も一昨日も雨で、
今日もかい）

yesterday, the day before yesterday

buttock

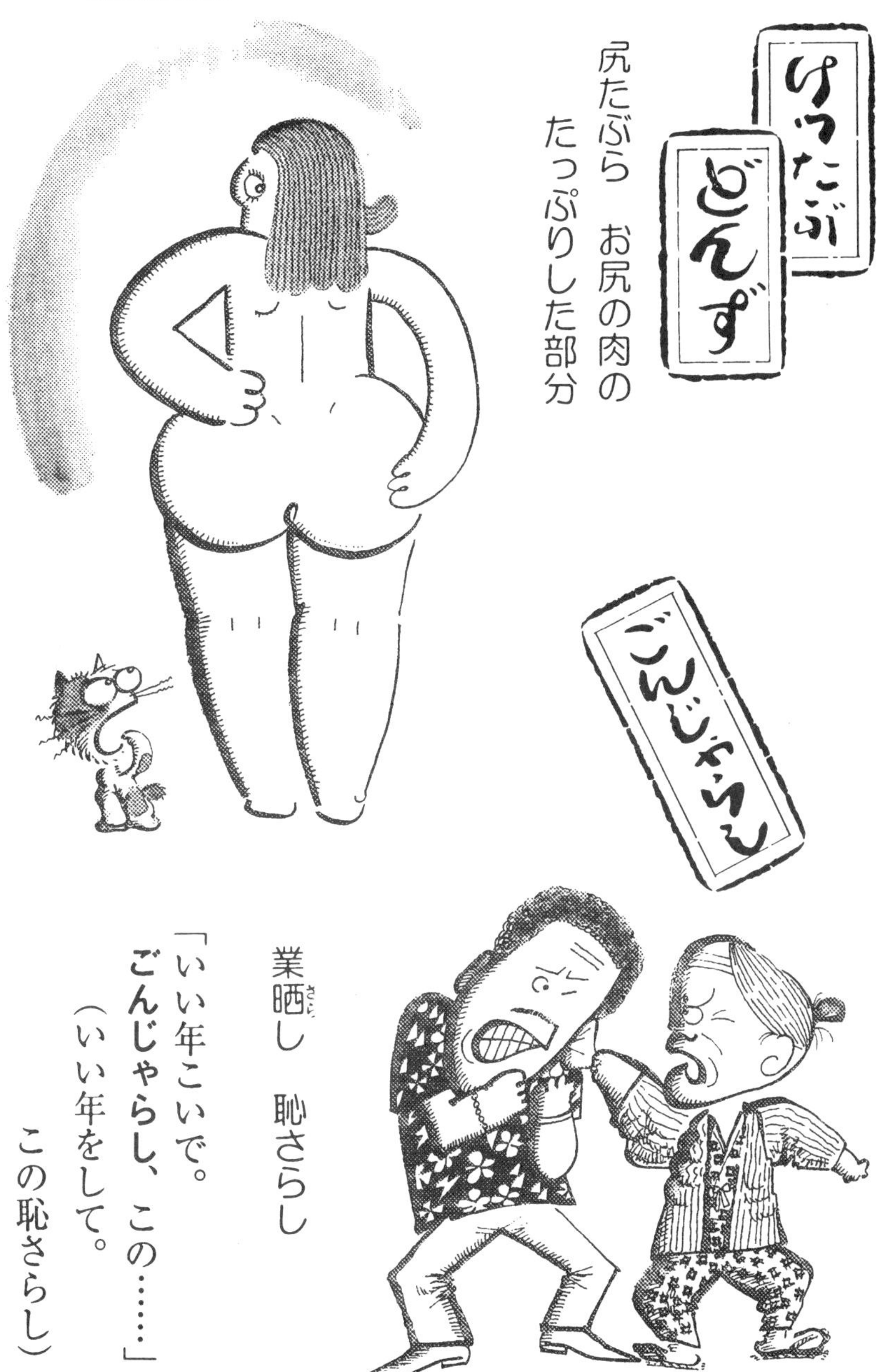

けつたぶ
どんず

尻たぶら　お尻の肉の
たっぷりした部分

ごんじゃらし

業晒し　恥さらし

「いい年こいで。
ごんじゃらし、この……」
（いい年をして。
この恥さらし）

shameless

さきた

さっき

for some time

「とっちゃ、どさ行てらの。**さきた**がら待ってもらってらんだよ」

（お父さん、どこへ行ってたのよ。さっきから待っていただいてたのよ）

さんと

産人（さんと）　生み月がごく近い妊婦

a pregnant woman

「わい、めずらしじゃ。実家（え）さ来てらんだな？」

「**産人**だもの。生みに来たべな」

（あら、めずらしい。実家へ帰ってたの）

（お産だもの。生みに来たのよ）

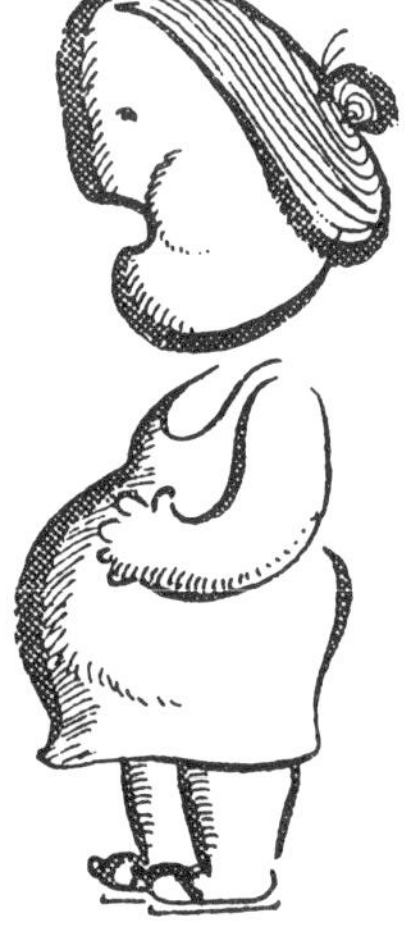

diaper, smell of urine

しめし

おしめ

からくせ

小便臭い

「ただいま。**しめし**の暖簾だナ」

「おかえり。**からくせ**べ」

(ただいま。おしめの暖簾だナ)

(おかえり。臭いでしょ)

devote oneself to a pleasurable pastime

ざんまい―好きになって打ちこむ

「本家の親父(おど)、あの年でまだおなごじゃめやめられねんだど」
(本家の親父(おやじ)、あの年でまだ女狂いやめられねえんだと)

小路

a lane

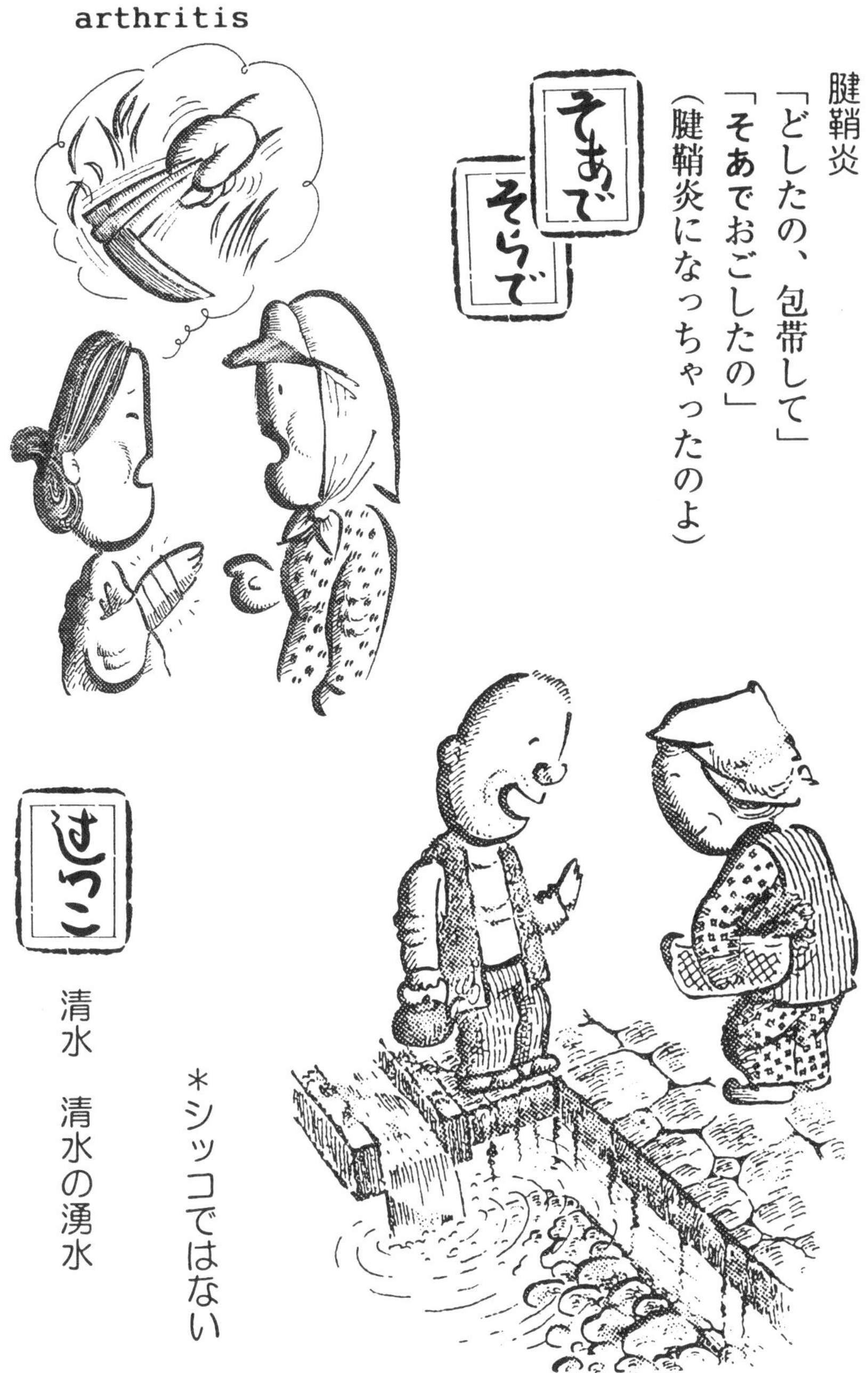

pure spring water source

ちょうはんめ

早朝――朝飯前

ちゅうはんめ

午前中――昼飯前

「ちょうはんめに田ひとまわりだべ」
「んだ、そへば飯旨（めしめ）んだネ」

（朝飯の前、田ンぼひとまわりかい）
（そう、それで朝飯うまいんだよ）

before breakfast time, before lunch

breast

乳房

母乳（おちち）

つまざし

つまじゃし

爪のつけ根の薄皮が裂ける事

爪の根元のささくれ

「**つまざし**おぎで、痛くてまいねじゃ」

（ささくれができて痛くて困るよ）

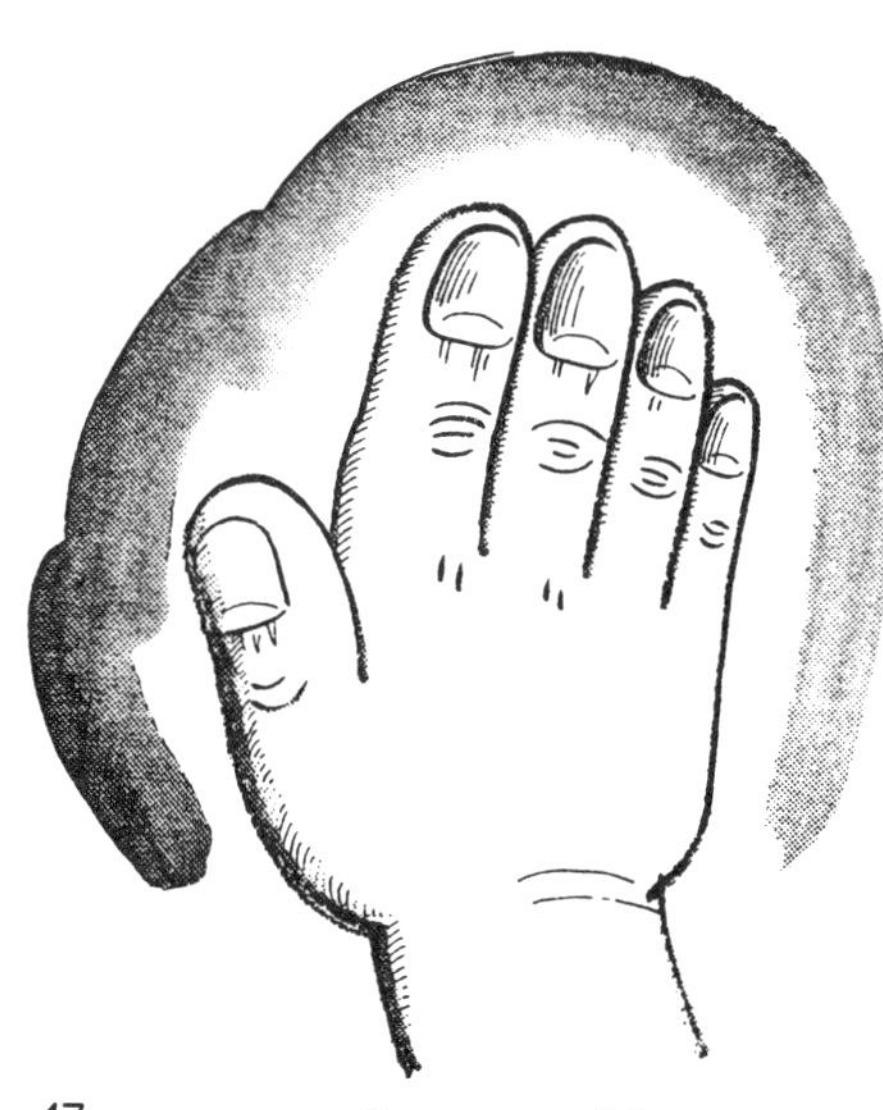

a hangnail

a form of eczema

つづらご

帯状疱疹

てつなし

不器用な人

「あんだって、**てつなし**だキャ」
（あんたって、不器用ねえ）

a clumsy person

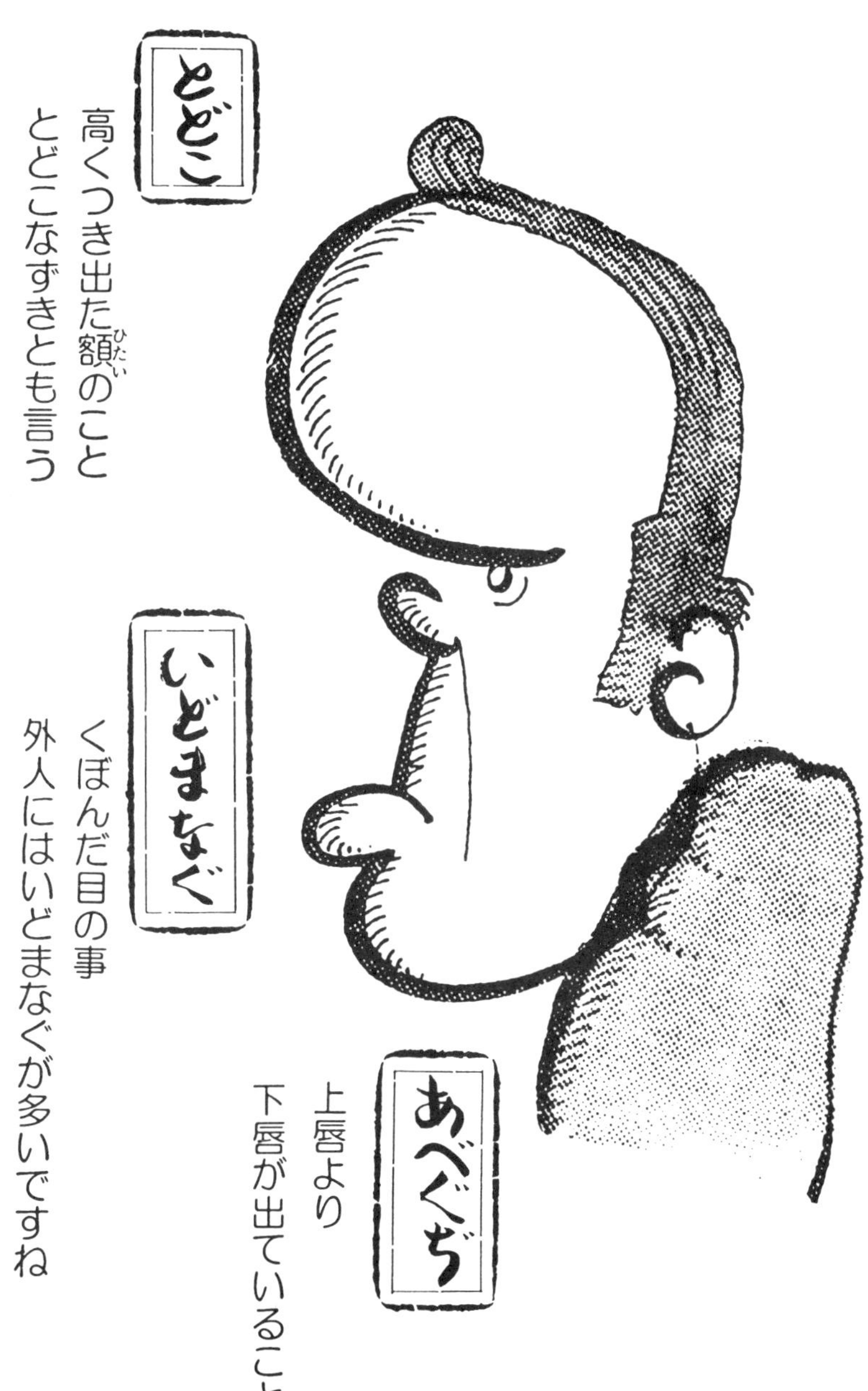

prominent bottom lip

pail

てへ

てふえ

手桶

「てふえ二つもたないで、なんぼ力よしだべ」
（手桶二つも持って、なんて力持ちなんでしょ）

はぐらん

日射病

「帽子かぶって遊べへ。**はぐらん**になるよ」

（帽子かぶって遊びなさい。日射病になるよ）

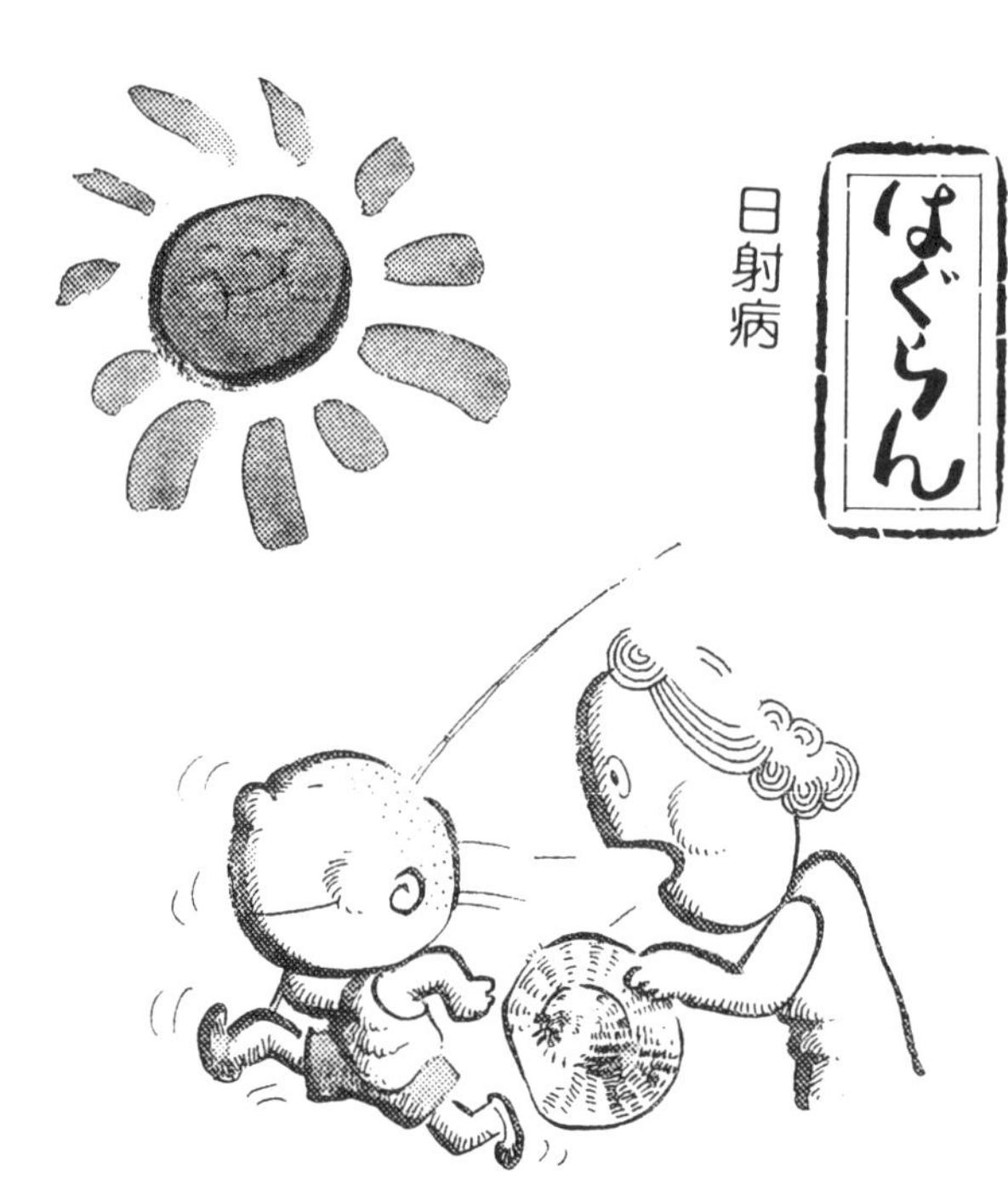

sunstroke

a butterbur sprout

ばっけ

蕗(ふき)の薹(とう)

「**ばっけ**の花コ咲いでらべ。父(と)っちゃももうすぐ帰るべね」

（ふきのとうの花が咲いたでしょう。父(と)ちゃんももうすぐ——**出稼ぎから**——帰るんだろね）

はらおき

妊婦

「あの人**はらおき**だんでねの？」

「ただ太いだげでねの」

（あの人、妊娠してんじゃないの？）

（ただ太ってるだけでしょ）

pregnant

southpaw

「**ひだりばじ**だっきゃ
天才余計(よけ)だんだって」
（左利きって
天才が多いんですって）

ひだりばぢじ

へんだぐ

せんだぐ

着るもの　衣装

「ばばちゃ、ちゃんと聞けでるんだが？」

「へんだぐ見でるばしだオン」

（お婆ちゃん、ちゃんと聞こえているの？）

（衣装見てるだけだよ）

clothes

まか

まっか

まかだ

股

股状に分かれている物

「まか木で石弓こへるべし」
（股木で石弓こしらえよう）

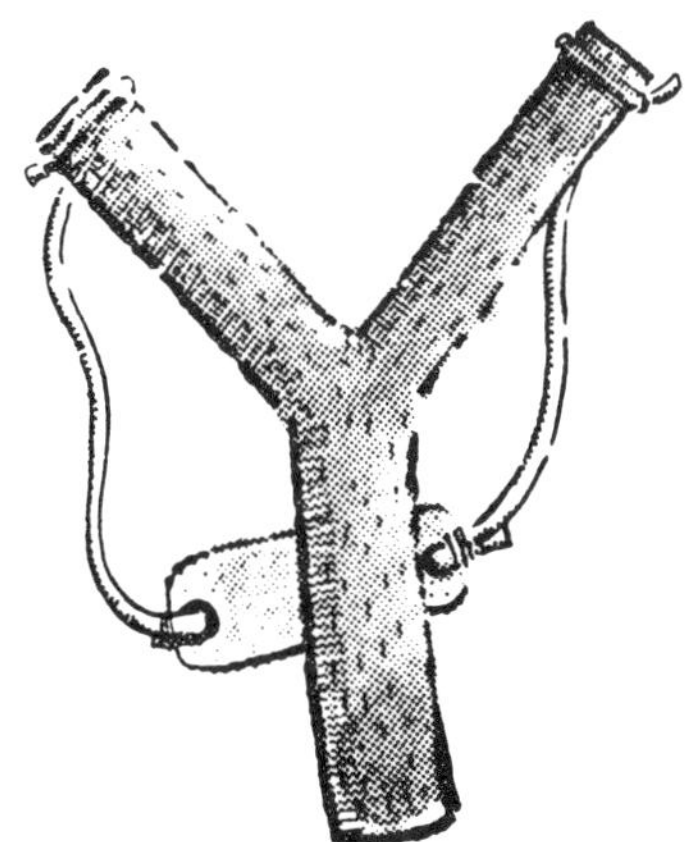

sling

「どんだべ、げろっと**まかだ**広げで」
（どうだろう　すっかり股　ひらいちゃって）

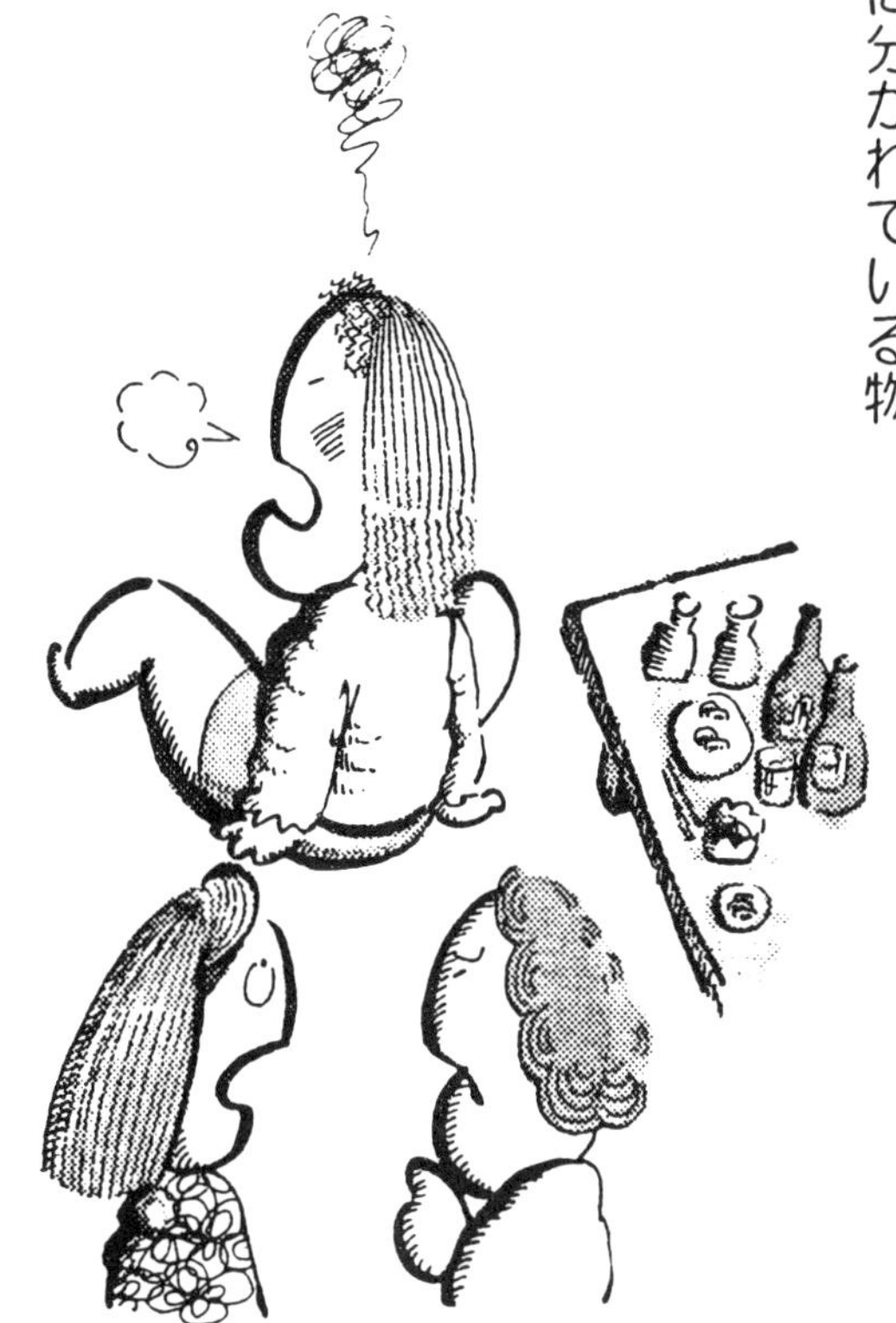

spreading one's legs

It's similar to ...

みんたもの

めんたもの

……のようなもの

「パスタって、うどん**みんたもの**のげさ?」

(パスタって、うどんみたいなものですか?)

めくされ

眼病

泥炭

「**さるけ**の煙で婆ァぐっと**めくされ**になれしたね」

(泥炭の煙でおばあちゃんすっかり眼病になったんですよ)

eye disease , soft coal

present eldest brother after death of older brother

やっとあに

「んだ、兄貴戦争さ行って死んだどごで、我、やっとあにだね」
（そうだよ、兄貴戦争で死んで——今は——俺が長男てわけだよ）

やっとなった兄

ゆべな

「ゆべなの事知らねの。若ェ娘サからんだりして！」
（ゆうべの事おぼえてないの。若い娘にからんだりして！）

ゆうべ　昨夜

last night

「昔、親父（おど）、どっかど**よごじゃ**さ
でっただあぐらかいで、
ダグ飲んでニヤラッど
してだもんだね」

（昔、親父、どっかり横座に
大きなあぐらかいてね、
濁酒呑んでは、にやりと
してたもんだよ）

横座―よごじゃ　主人の座る場所

木尻元―きしもど―下座
薪などの置場

e host's seat, the worst seating position

状篇

——状態・形容を中心に

「今場所の横綱いだってても弱えでば」
「んでば」
（今場所の横綱、それにしても弱いな）
（そうだって）

いだってても

特に　至っても
それにしても

nevertheless

for a while

「**いとまが**一本放してくるじゃ」
（ちょっとオシッコ……）

ちょっと　少しの間
短い時間―期間

「三回忌だな。**いとまがだな**」
（三回忌かあ。早いもんだなあ）

Time flies!

いげんでも

多少なりとも
かりにも

「いげんでも　いい方ば取る
かたみ分げ」

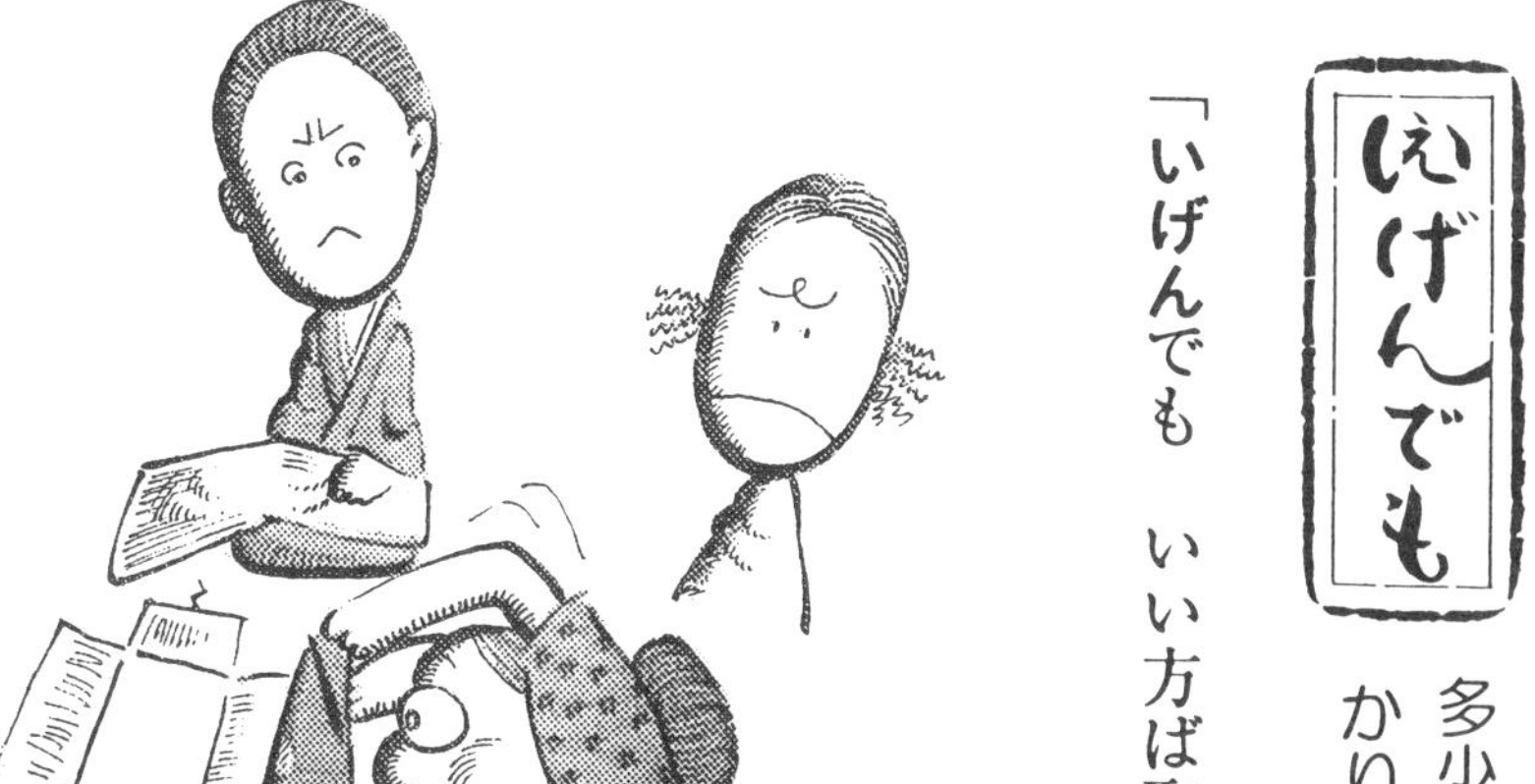

いたでに

次から次と　たてつづけに

ゆるぐね

大変だ　容易じゃない

「葬儀(だみ)、祝言、入学って、何だが**いたでに**
銭こかがるじゃ。**ゆるぐねでば**」

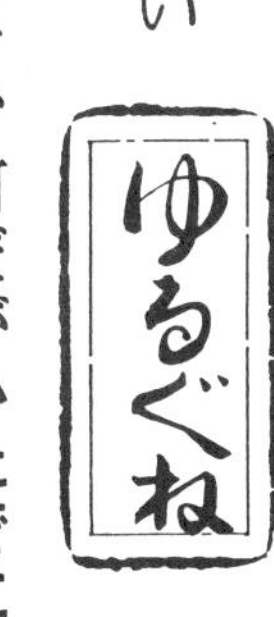

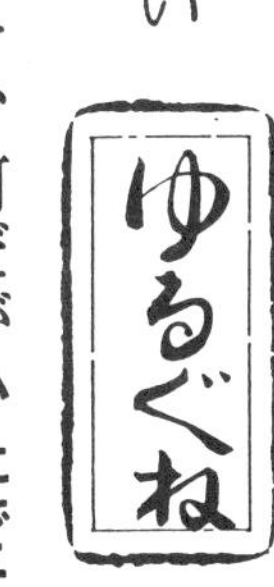

arrogant

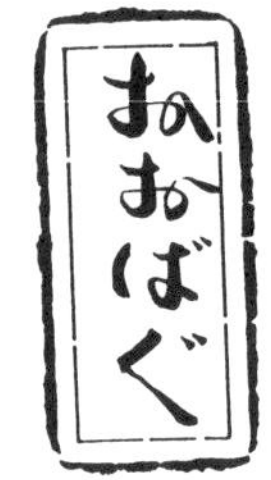

横柄な口のきき方

傲慢な言葉遣い　枉惑

「こら、駅　どぢだば」

「なんぼ**おおばぐ**だ口きく奴だ」

（こら、駅　どっちだよ）

（なんて横柄な態度をとる奴だ）

dignified
「おめえのヒコ爺サマだの。**おごれべ**」
（お前のひいお爺さんなのよ。立派でしょう）
おごれ
おごろえ
立派な　豪華な
偉そう　威厳がある
どっしりとした
かさらど
かさらっと
ほんのすこし　さらりと
「今朝の雪は**かさらどだな**」
only a little

continuously, without respite

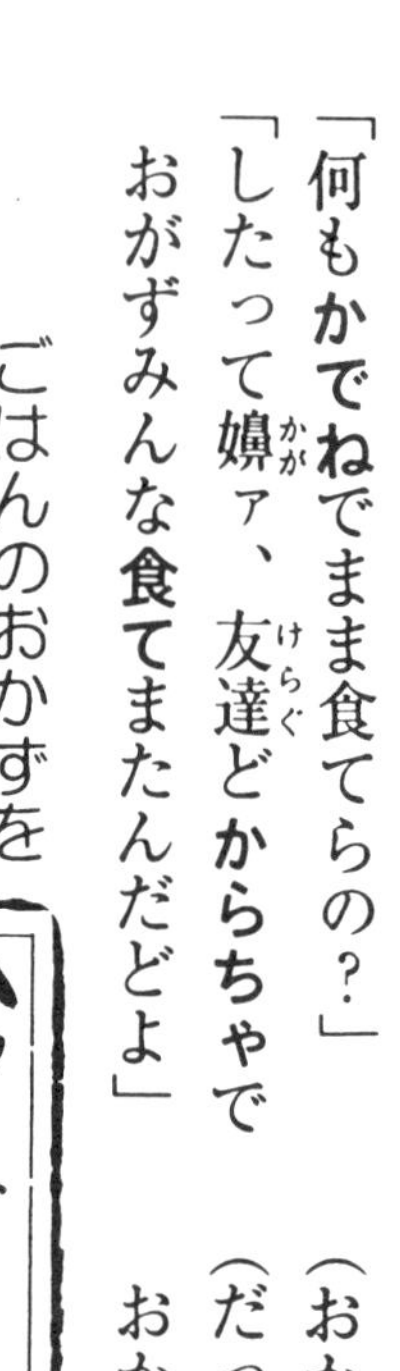

「何も**かでね**でまま食てらの？」
「したって嬶（かが）ァ、友達（けらぐ）ど**からちゃで**おがずみんな**食て**またんだどよ」

（おかずなしでごはん食べてるの？）
（だって嬶のやつ、友達と、お茶うけにしておかずをみんな食っちゃったんだってよ）

からちゃでくう

ごはんのおかずをお茶うけに食べること

かでる

おかずにしてたべる

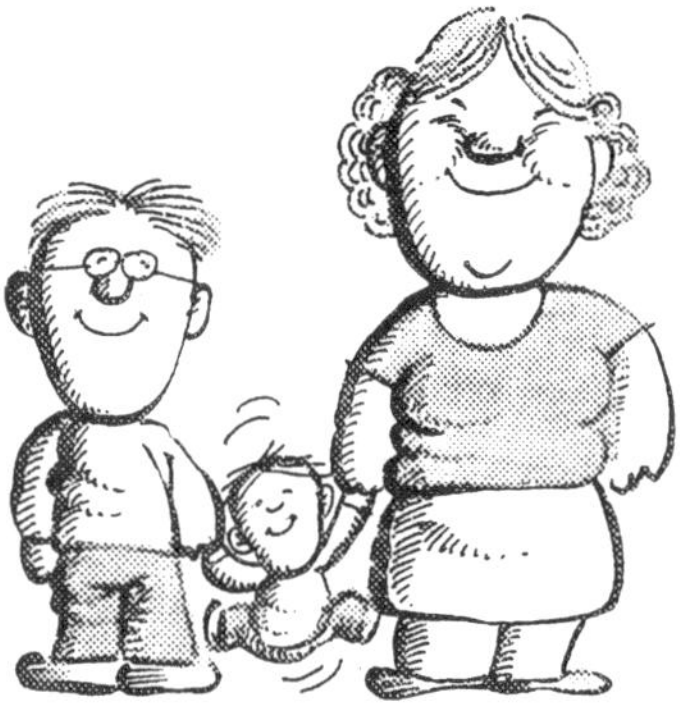

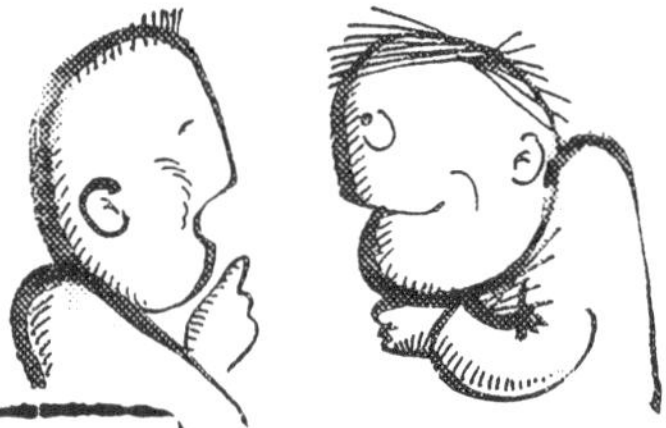

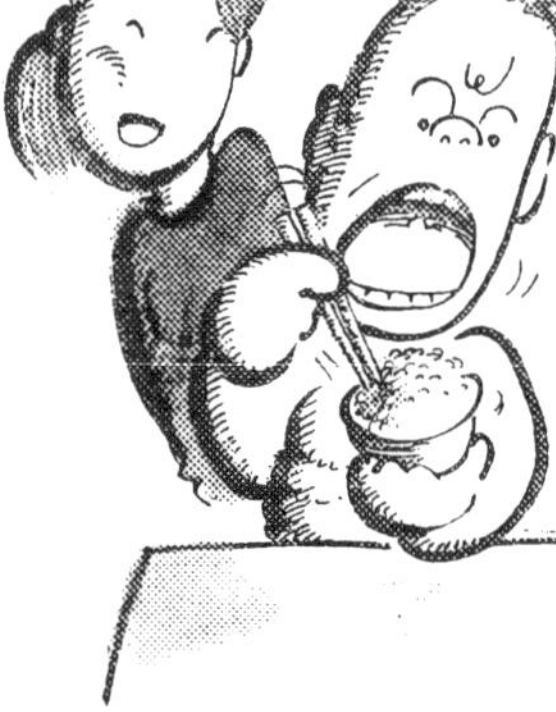

「わらしも父親さ似で**かちょぺね**な」
（子供も父親似で小さいね）

かちょぺね

小さい　小柄だ　貧弱だ

diminutive

glittering, glaring

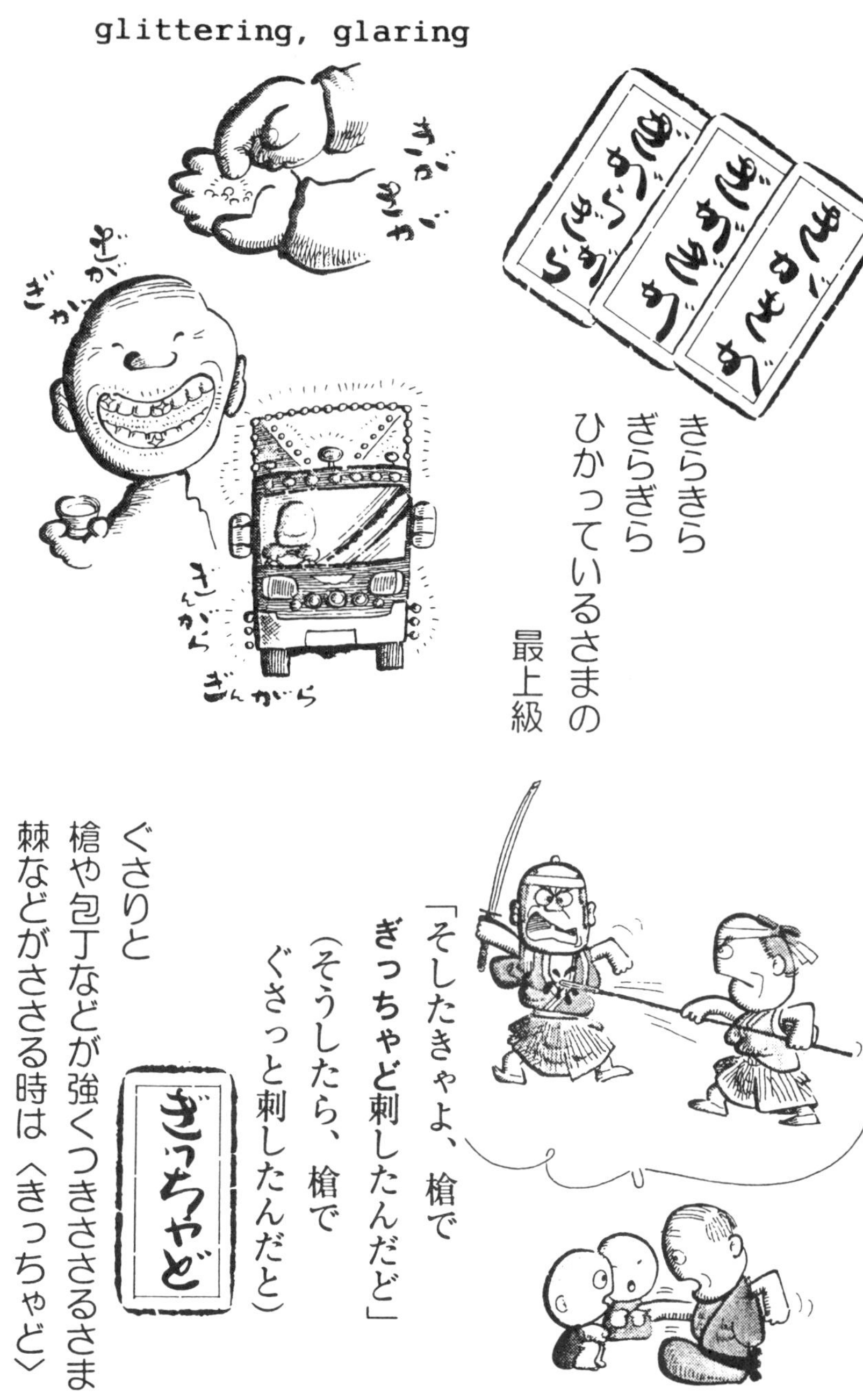

きらきら
ぎらぎら
ひかっているさまの
最上級

(そうしたら、槍で
ぐさっと刺したんだと)

ぎっちゃど

ぐさりと
槍や包丁などが強くつきささるさま
棘などがささる時は〈きっちゃど〉

sharply and rapidly

きびいい

気味がいい—嬉しい
ごきげんだ　気持ちいい

content

「待ってだ手紙コ、やっと返事来たな。**きびいいべ**、**きびいいべ**」

(待ってた手紙、やっと返事が来たな。嬉しそうだね、ごきげんだね)

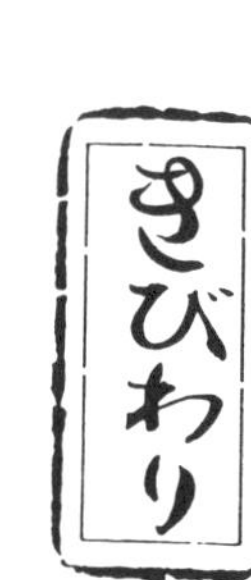

気持ちが悪い
気味が悪い

「血だらげだってが。わいん、**きびわりじゃ**」

(血だらけだって。まあ、気持ち悪い)

scared

roll one's eyes, hyperactive

きろきろ きぱしね

気ぜわしい　うるさい
きょときょとと
よく動く目のようす

「家（おえ）のひろし、**きろきろ**たまなぐで
気ぱしねわらしだェ」
（家のひろしったら、いつもきょろきょろした
目つきで、すばしっこい子供だよ）

げふげふ

げほげほ
むせて苦しむさま

Ahem, ahem ...

tightly

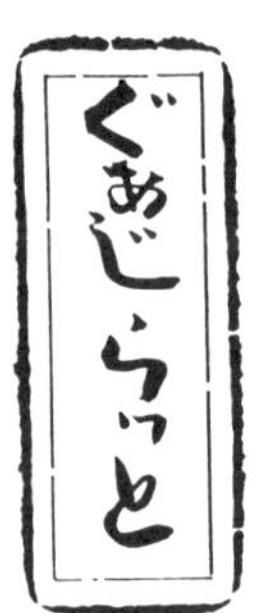

（やわらかいものなどを）
わしづかみにするさま。

共通語にあてはまる言葉がない。
しっかりと、がしっと、ぎゅっと等がやや近い。
ちなみにやわらかく締まりなくゆるんでいる事を
〈ぐわじゃらっと〉という。

envious

このまし

ころまし

うらやましい　好ましい

「男の子ばり三人ですが。わいん**このましじゃ**」

（男の子ばっかり三人ですか。まあうらやましい）

こした

こしたらだ

こッた

こッたらだ

こえんた

こたらだ

こんッならだ

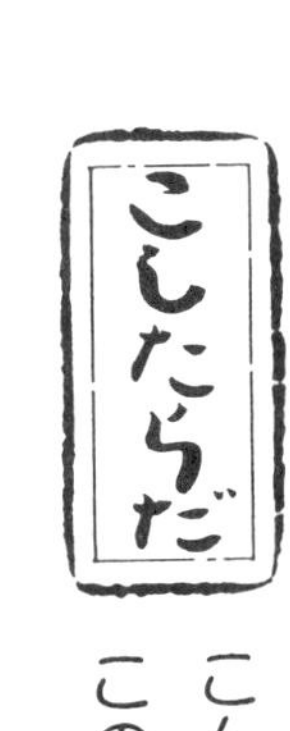

こんな

このような

「**こしたらだ**でっけえ乳(ち)コしてよ」

（こんなでっかいオッパイでよ）

just like this

How much? This amount. That amount.

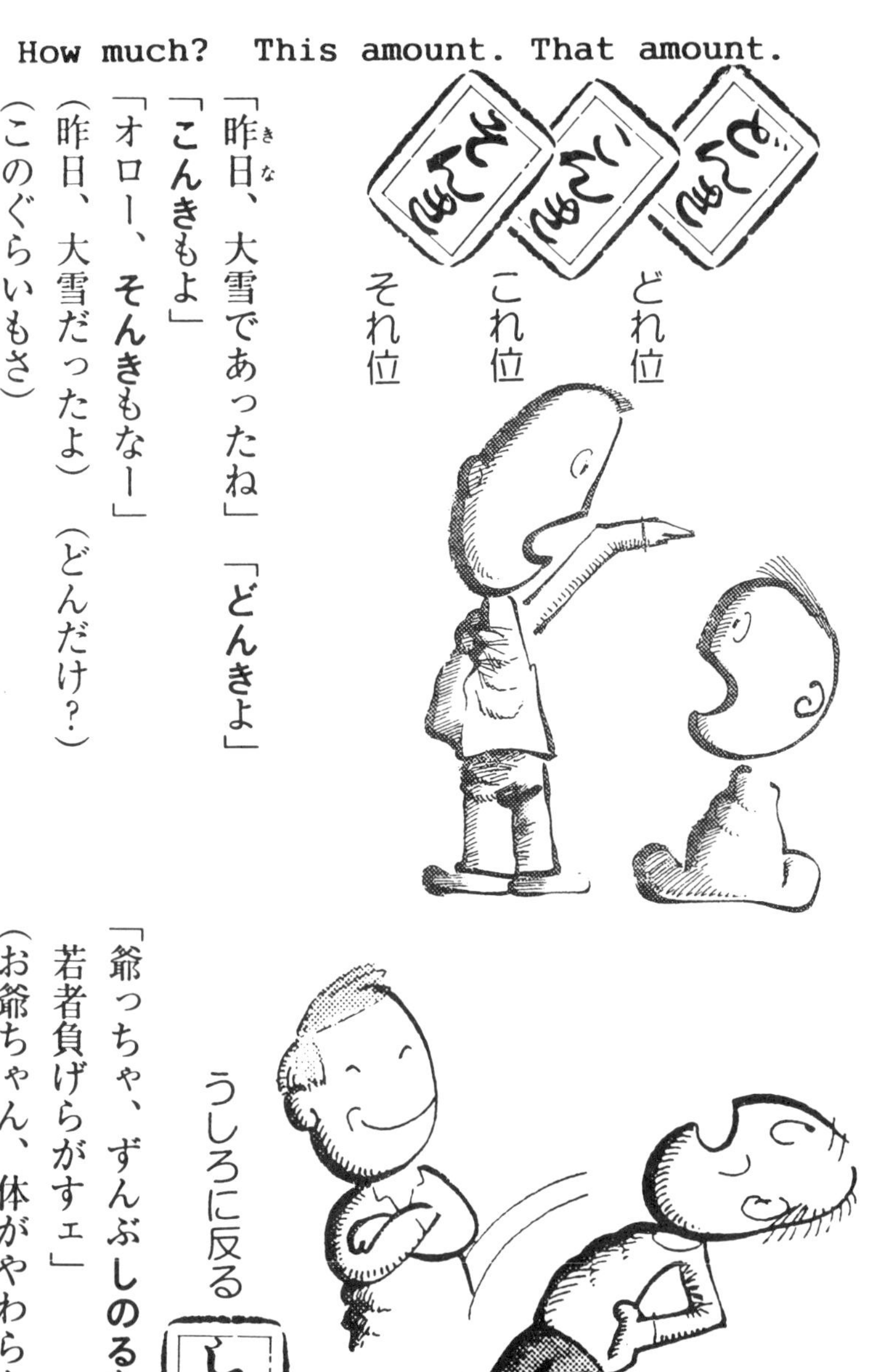

どれ位

これ位

それ位

「昨日(きな)、大雪であったね」「**どんき**よ」

「**こんき**もよ」

「オロー、**そんき**もなー」

(昨日、大雪だったよ)(どんだけ?)

(このぐらいもさ)

(ワァーそれほどもかい)

うしろに反る

「爺っちゃ、ずんぶ**しのる**な。

若者負げらがすェ」

(お爺ちゃん、体がやわらかいネ。

若者顔負けだよ)

therefore, but

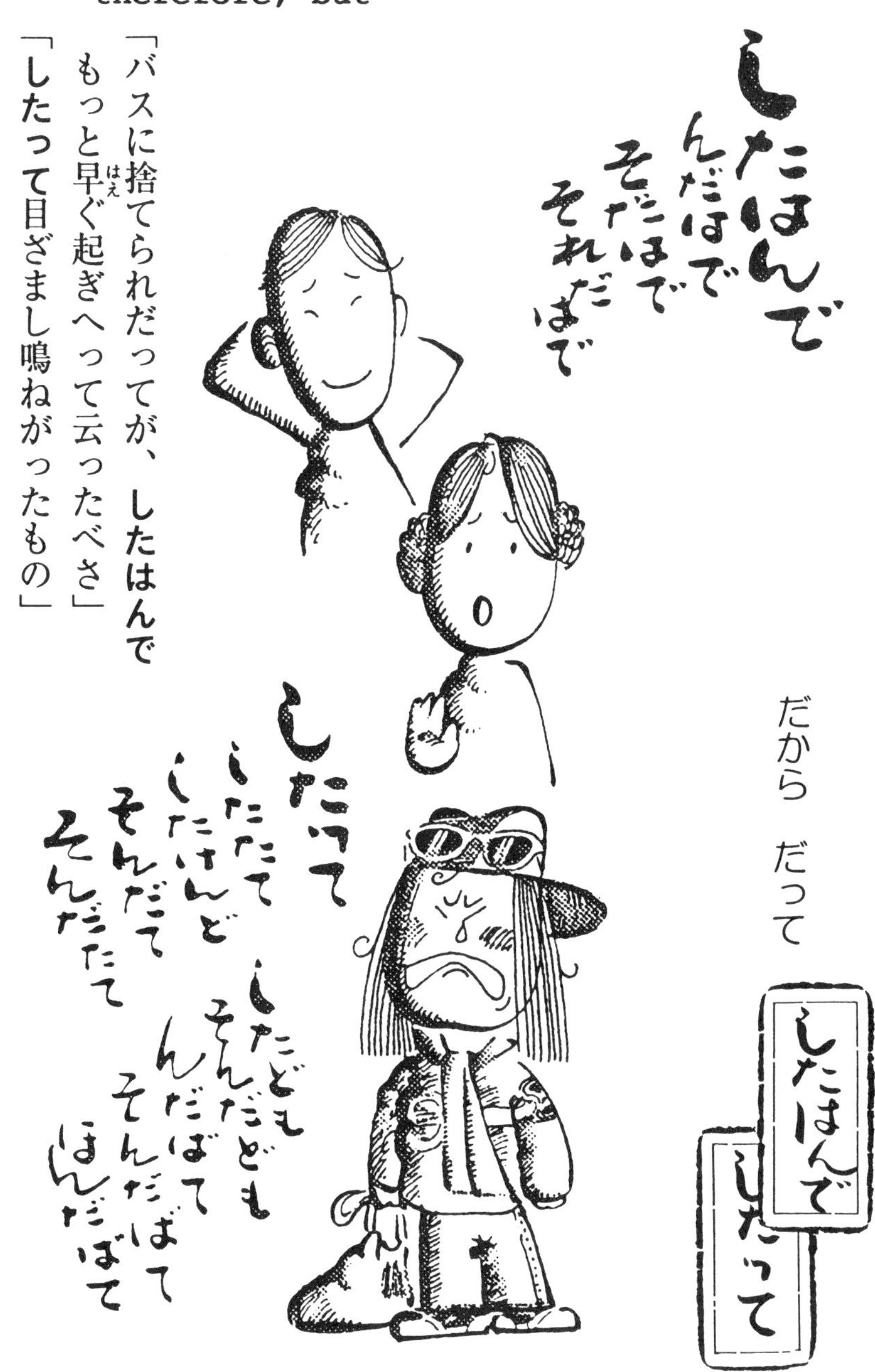

「バスに捨てられだってが、**したはんで**
もっと早(はえ)ぐ起ぎへって云ったべさ」
「**したって**目ざまし鳴ねがったもの」

ぜんぜん
まるっきり

「家(え)の嫁ァ**じょで**『はい』ずごとねえ」
（家の嫁はまるで『はい』って云う事ないんだから）

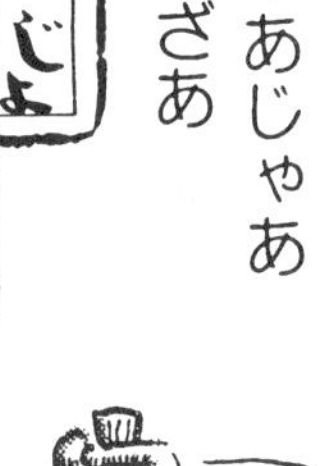

じゃあじゃあ
ざあざあ

溢れる

「台所(めじゃ)の戸開げだきゃ**じょーじょて****まがって**あたのさ」
（台所の戸開けたら　ざあざあ　溢れてたのよ）

slopping sound , overflow

slurp

ずるずる

ちかちかする

「どごじがめぐって?」
「アァー、まっと右、右」
(どこがちかちかするのよ?)
(アァー、もっと右、右)

sting

What's keeping him / her?

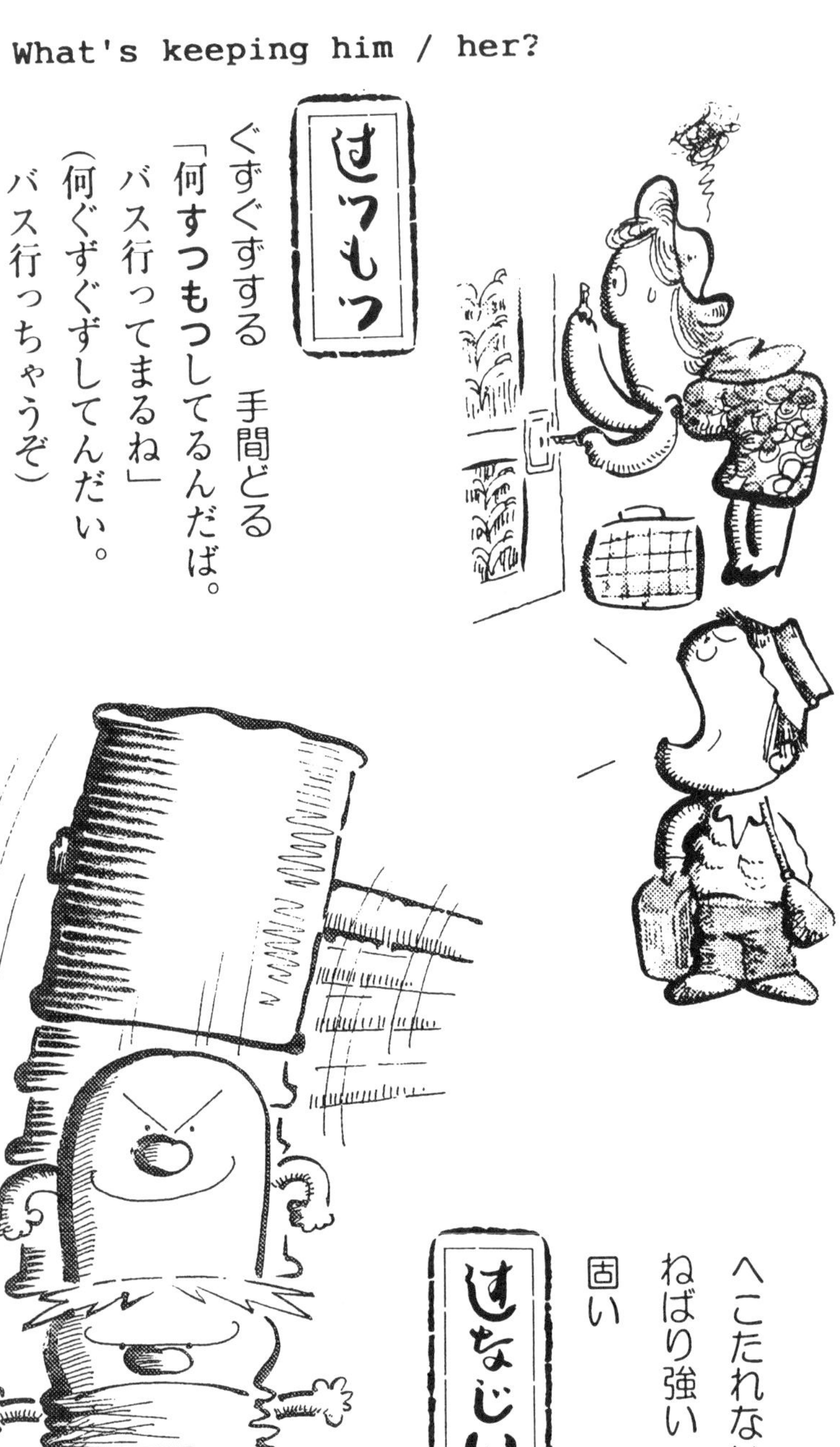

すつもつ

ぐずぐずする　手間どる

「何すつもつしてるんだば。
バス行ってまるね」
(何ぐずぐずしてんだい。
バス行っちゃうぞ)

すなじい

へこたれない
ねばり強い
固い

tough

flexible, more flexible, very flexible

しなうさま　だんだん太く（厚く）なっていく順に—。

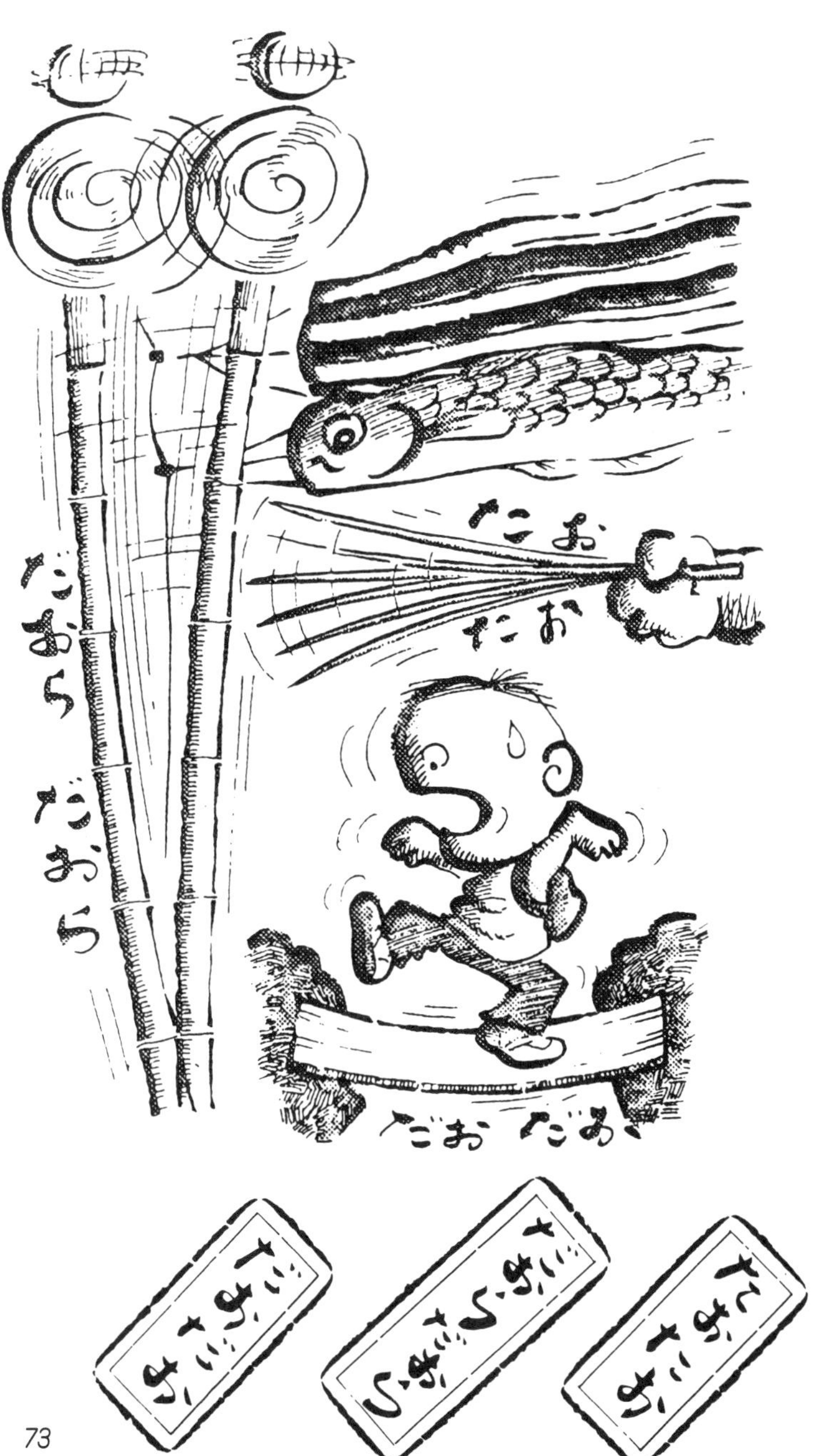

look like ...

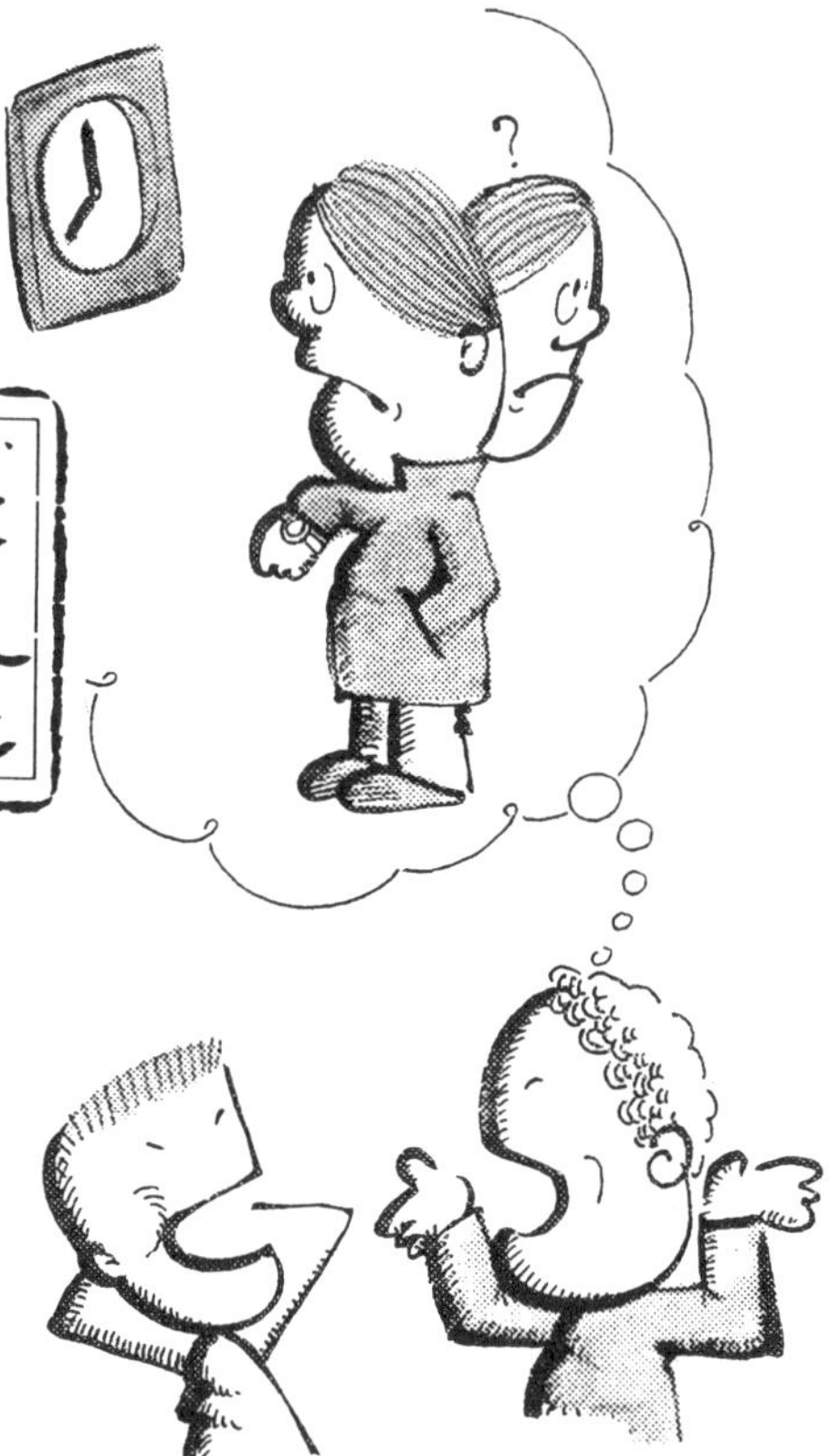

だけんた

だきゃんた

……に似ている
……みたい
……のようだ

「朝まの八時の集合サ、晩(ばげ)の八時に行ってらんだどよ。馬鹿**だけんたきゃ**」
(朝の八時集合へ、晩の八時に行ったんだってよ。馬鹿みたい)

pounding

たくたく

だぐだぐ

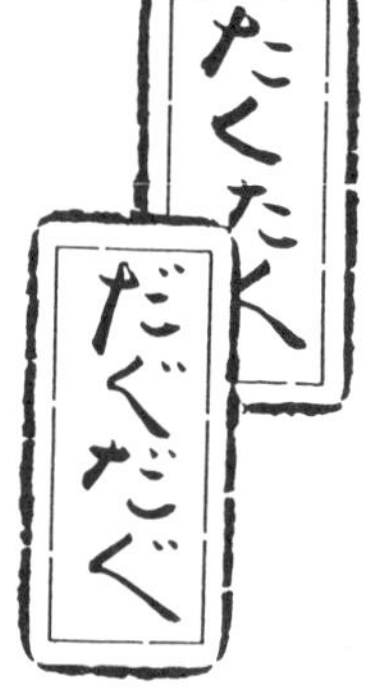

「胸、**たくたく**どなってさ」
(胸がどきどきしちゃってねぇ)

だぐめぐ

どきどきする

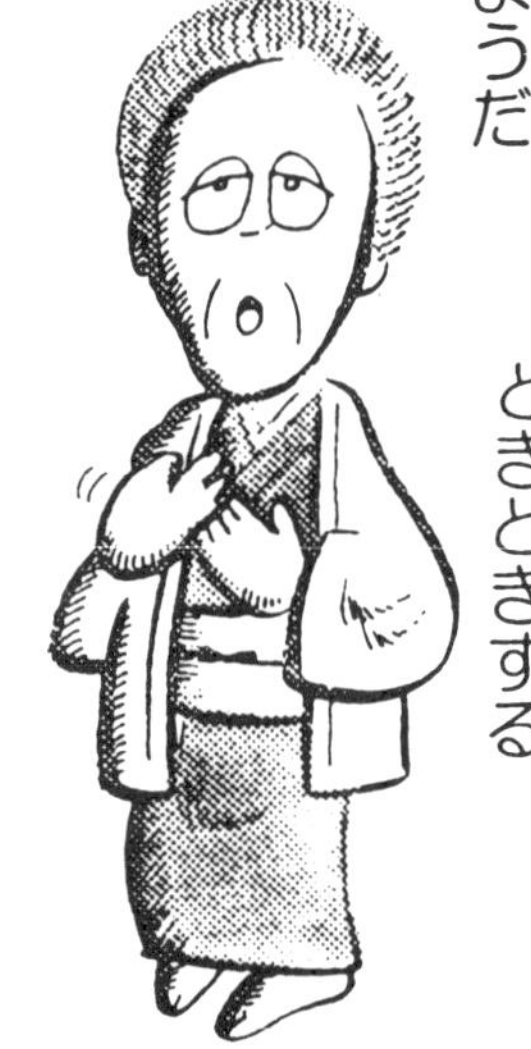

……たらだ

……のようだ
……そうだ

「今日は鍋コだが、旨たらだな」
（今日は鍋かい、うまそうだな）

ちゅげあだる

中気　中風　脳卒中になる

「爺こ、ぐっと**ちゅげあだって**
えろえろどなってしまえしたネ」
（じいさん、すっかり中風になって
よいよいになってしまったんですよ）

unexpressive, unsociable

つぎね

あいそがない　そっけない
飾り気がない　面白味がない

ちょーちょ

「今年の風邪　鼻水
ちょーちょて止まねのさ」
（今年の風邪　鼻水……
止まんないのよ）

液体が細く流れるさま
該当する共通語なし

flowing sound

大きな違い　めんかは雌犬
てんかは天下か?

「おめだちの女房どおえの嬶だば
まんずてんかどめんかだじゃ」

左右前後の高さが違い　ぎくしゃくしたさま

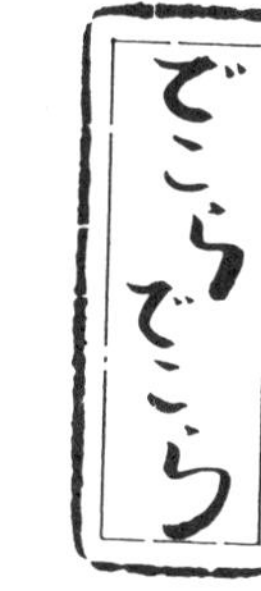

「でこらでこらって
なんぼ歩ぎにぐいば」
(がくがくして
なんて歩きにくいんだ)

excited

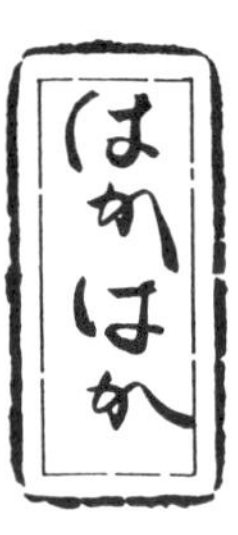

そわそわと落ちつかない
気が気でない

「お前(め)ァねぷた笛サ**はかはか**すべども、
我(わ)ァ、お前(め)足場がら落ぢねべがど
思て**はかはかっ**てすね」

aching

おなかがシクシクして
不快感がある事

「朝まがら腹**にやめで**よ」
（朝から腹がシクシクしてさ）

intimate

なこなこしい

親しく仲のよいさま
なついてきて可愛いさま

「あの人達ァいつ見ても**なこなこし**くて
まるで姉妹だけんたきゃ」
(あの人達　いつ見ても仲良しで
まるで姉妹みたいネ)

「ずっぱど**にこかこ**て、
いい手紙コ来たびょんな」
(もうすっかりにこにこしちゃって、
いい手紙が来たんでしょう)

にこにこ
嬉しくて笑みがとまらないさま

にこかこ

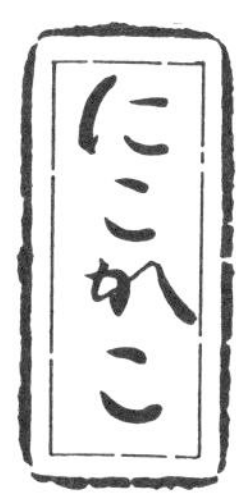

grinning

大変な　苦しい

恥ずかしい　具合が悪い

「ちょっと、シュミチョロでらよ」

「わいん、**ふうわり**じゃ」

（ちょっと、下着出てる—ッ）

（まあ、はずかしい）

embarrassed

へごま

まめに良く立ち働くこと

「あの人(ふと)だば本当に**へごま**だ人だ」

（あの人こそ本当にまめに働く人だ）

elaborately

までに
までいに

丁寧　念入り

「までいに掃除してけーの」

まやまや
まやめぐ

うろうろするさま

「お婆ちゃ、**まやまや**してねで早ぐ寝へんが」

（お婆ちゃん、うろうろしてないで早く休んだら）

wander about

dry

水気がなく
のどを通らない事

「むついじゃ、何か飲む物けろじゃ」
（喉通らないよ、何か飲み物ちょうだい）

痛みが継続する状態
歯　やめる
頭　やむ
腹　やむなどという

ache

more often　for long time

「りんと待だへるバスだな」
「えんと待ったばて彼女来ねェな」

えんえん　長々

「この屋根雪降ろすんだバ
わいさでねじゃ」
(この屋根雪降ろすのは
楽じゃねえよ)

わいさでね

楽ではない
冗談ではない

会話篇

——会話とあやしい共通語

あお

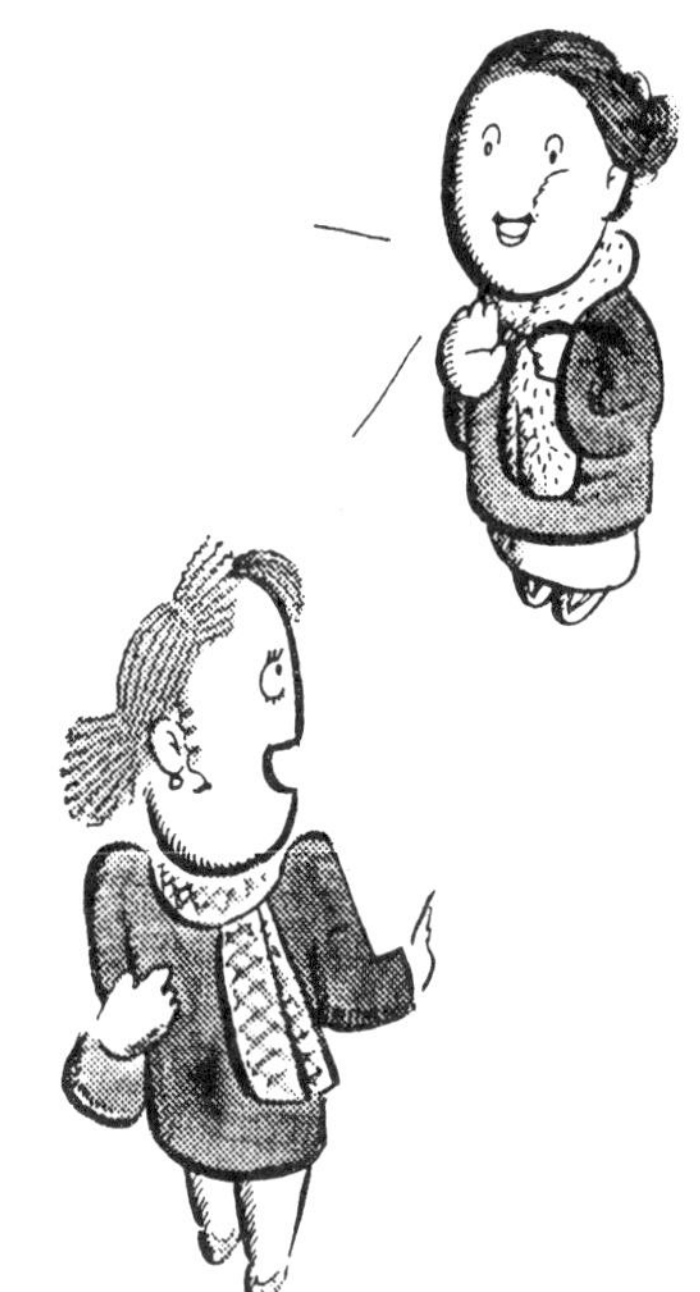

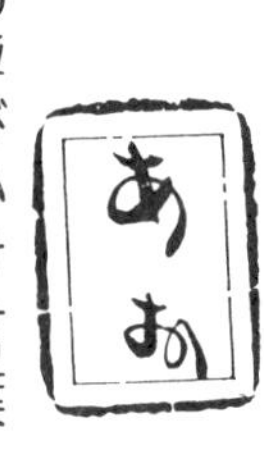

親しい女性同士の呼びかけ言葉

「**あおー、しばらぐ**」

（あーら、しばらく）

Worries, cares

案じ事　心配な事
「タカシの飛行機、大丈夫だべが、
わいいん、**あつこど**だじゃ…」

あめにきしなが

たまに、
おいでなさい

「こんだかっちゃも連れで、
あめにきしなが」
（今度は奥さんも連れて、
たまにおいでなさいよ）

more often

おしずかに

別れのあいさつ
お気をつけて

「おしずがに　おいでなさいへ」
「おありがど　ごしてし」
（お気をつけて　ゆったりおいでなさいまし）
（おありがとう　ございます）

 Good morning

Here you are. You. Can you eat ...?

Does it taste good?

ごめんなさいまし (see note)

訪問のあいさつ　今日は　ご免下さい
＊大正までの弘前では専ら他家を訪問するときのあいさつとして用いられたという。

Hello.

bow

こまる

おじぎする　会釈する

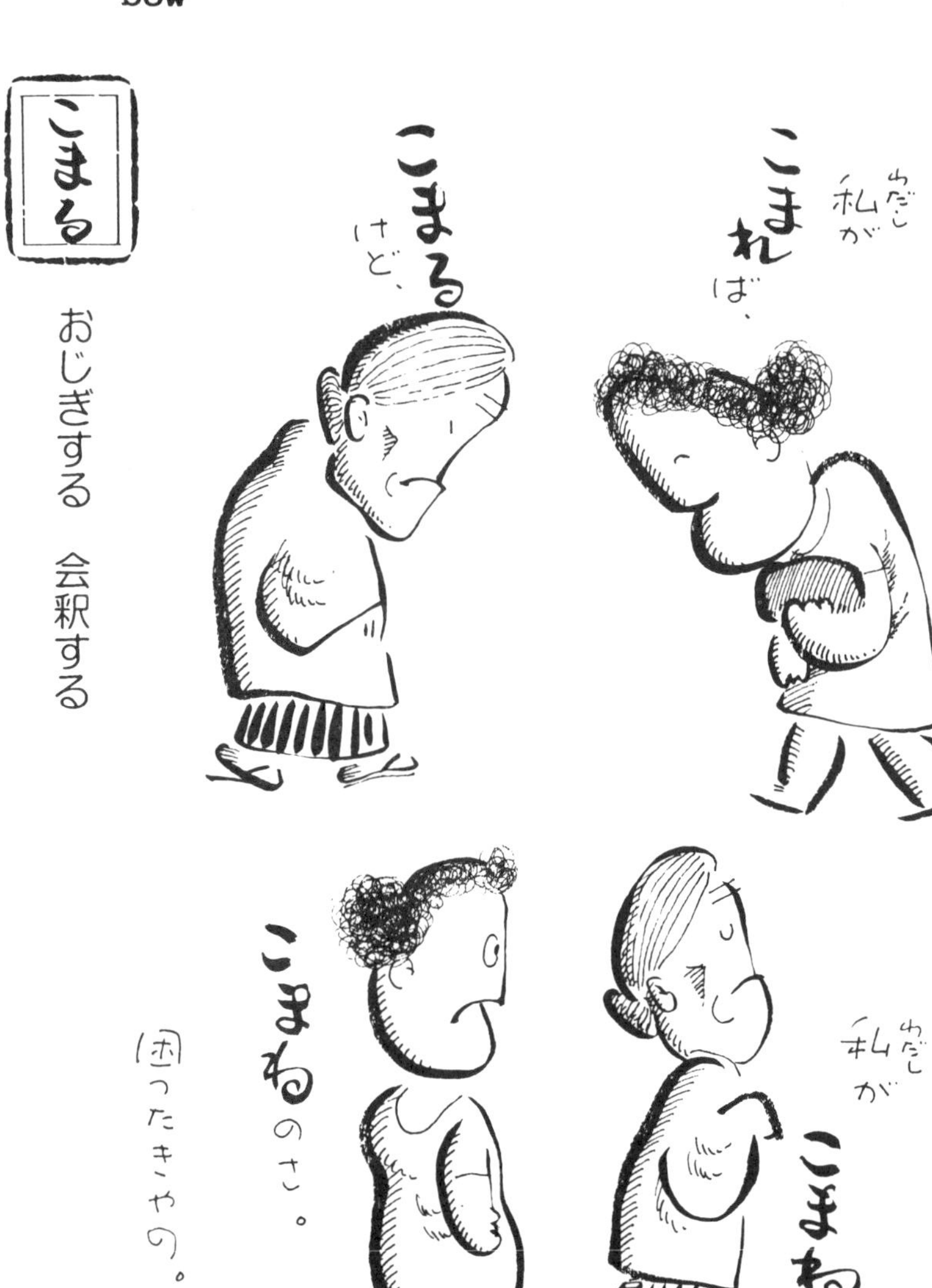

I can't

なんてまあ

「まだ、女房（かちゃ）にふたがれだのが。　**なんぼのー**」

（又、奥さんに殴られちゃったの。　なんてまあ）

I can't.

まえへなね
まいねおん
まねね

◎駄目。いけない。

『おばちゃ、散歩だが。まみしくて いいの』
『脚（あし）ァめくめくどなって まえへなね』

（おばあちゃん お散歩？
元気でいいわねえ）

（脚が弱っちゃってねえ
駄目なんですよ）

Absolutely no way!

まえへん
まねごす
まねたら
まねてば

◉いけません。
ためです。
いけませんったら。
だめですってば。

わがれへなね

わかりません　わかりませんもの

「あれ、あの木村様のヨデさまの嫁コ……」
「わだし、その方（かだ）**わがれへなね**」
（ほら、あの木村様の末っ子のお嫁さん……）
（私、その方わかりませんの）

I don't recognize him / her.

てつ子さん
ちょぺっとえふりこぎの津軽のかっちゃです。
（ちょっといい格好しいの津軽のお母さんです。）
はじめて東京の娘のところへ遊びに行くので共通語に挑戦している。
とき子さん
てつ子さんの娘。東京へ嫁ぐ。
大くん
てつ子さんの娘婿。東京の人。
アイちゃん
てつ子さんの孫。

join

かだる

◎加わる・参加する。
面倒をみてもらう。

『おかあさんもご一緒にいかがですか』
『まあ、わだしも**かだって**行っていいの』
（まあ私もついていっていいの）

rotten

あめる

腐ってる　腐って臭っている

「これ、**あめでらんでねの？**」

「それ、飴(あめ)じゃないわよ。おだんごよ」

（これ、くさってんじゃないの？）

あら　だじらめだわ

雫が落ちるようす

「あら、だじらめだわ」

（あらまあ、雫が落ちちゃった）

drip down

うるめ

◉強い味ではない深い味わい。

『おかあさん お味はいかがですか？』

『これ、うるめふてとても好きだわ』

（これって、いいお味でとても好きだわ）

run, fall down

はける おける

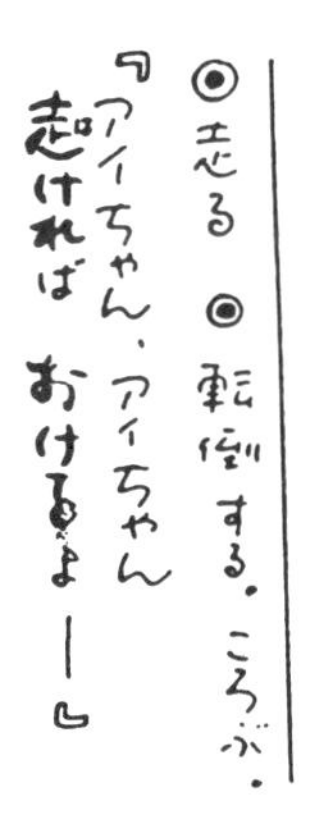

◎走る　◎転倒する。ころぶ。

『アイちゃん、アイちゃん
走ければ　おけるよーー』

『あら、がちゃめぎだわ。
ぼんと跳(は)ねて
あべましょう』

（あら水たまりだわ。
ぽんと　とんで
行きましょう）

あべ

◎行きましょう。

がちゃめぎ

◎水たまり。ぬかるみ。

Let's go.　piles

soak, put away

とろける
◉かたづける。
うるかす
◉水につけておく。
ほおっておく。
『アイちゃん 私がとろける
がらうるがしておいで』
(アイちゃん 私がかたづける
から、お水に漬けておいて)

cower, shrink and crouch

Damn!

おばあちゃんて英語ペラペラなのね
ばげでねぐあさまに着ぐはんで
ちょはんめだば無理だけど、ちゅはんめだば行げるよ
久しぶりに津軽の友達と津軽弁で話すテツ子さん

なんばいば
◉なんて いいんでしょう。
『わいん こえじゃ。家(え)のダミこ
なんばいば』♡
（あーあ疲れたわ。家の畳って
なんていいんでしょ）

川柳篇

――生活を詠むつがる弁

私は若い女性が、銜えタバコで運転しているのを見ると何だかかなしくなってしまう。

男にとって女性は憧れの性である。私が女性に対する美学を勝手に持ち、女性賛美の心を強く抱いていても、それはアナタの勝手でしょうと云われれば、それはそれまで。そう、確かに「あなたの車の中であなたのタバコを喫うのはあなたの勝手。それを嫌うのは私の勝手。でもなあ……」

渋谷伯龍（銘茶の玉雲堂）

中学の頃、演劇部で「リヤ王」の道化を演じた。在位中娘達にチヤホヤされていたリヤ王は引退後娘達に分け与えた城をまわりながら悠々と老後を送ろうと考えるのだが、長女ゴネリルと次女リーガンの城では掌のひらを返したようにけんもほろろに冷たくあしらわれる。愛する娘たちに裏切られた誇り高い老王は狂気に奔（はし）る。

この物語では、末娘のコーデリア姫の優しさに救われながらも姉娘達を呪いつつ王は死ぬ。中学生の僕は二人の仕打ちをとても憎んだ。しかし、今、大人になってみるとまわりはみんなゴネリルやリーガンばかりで、コーデリアはほとんどいない。

人々の心が冷たいというだけの事ではなくて、きっと社会の仕組みも悪いのだろう。

＊かだる―頼る。養われる。拠る。

須郷井蛙（団体職員）

津軽はほんとうに四季の美しい住みやすいところだが、問題は冬だ。

若い人にはまだいい。車はある。スキー場は近くにいくつもある。都会から何時間もかけてスキーに行く事を考えればここはスキー天国のようなところかも知れない。

スキーの好きな人達は「早く降れ」と心待ちにする。しかし、暮らしの中ではやはり雪はこわい嫌な存在だ。近頃は雪かたづけが嫌だからとマンションを買う人も多い。しかし、それができるのはほんの一握りの人。多くの人は毎年の雪かたづけに泣かされる。

雪は、お年寄りの家にも容赦なく降り続ける。のんの、のんのと夜も昼も降る。

＊うだでぐ—ものすごい。気味が悪い。

寺田北城（北日本印刷）

結婚適齢期の幅が広くなり、今だと三十になった女性でも「行き遅れ」などとは云わない。

ひと昔前までは長女が母親代理などをしていて次女三女などが先に縁談が決まり、気がついてみると長女が親と一緒に家に残っているなどという事がよくあった。

そうなるとコブつきなのでよけい貰い手がなくなり母娘が大きな家でひっそりと暮らしているというふうになる。

本人も不本意だろうが親も辛い事であろう。老いてゆく親を老人ホームに追いやるでもなく、自分の手で面倒をみる心優しき長女（あね）サマ。今ではこういう女性は少なくなった。

彼女達の後半生に倖あれと思わずにはおられない。

*貰らねが—貰いませんか
*ついでるばて—ついてるけど

矢本大雪（ダイヤ図書）

平成五年の台風十九号は、津軽のりんごに壊滅的な打撃を与えた。米とりんごの国津軽は、毎年のように冷夏や台風の報に怯えている。

辛く悲しく、どうしようもない時は津軽衆の目はお岩木山の方へ向く。昔々から津軽の暮らしを見つめてきた悠久のお山〝岩木山〟。

その姿が津軽衆の最後の心の拠り所だ。喜びも悲しみもグダメギもみんなお山に語られる。毎朝窓からお山を眺める時、明日、そこにもし岩木山がなかったら「どうすべ」と思う事がある。岩木山がなかったら弘前は平凡なタダの町、津軽の村々はタダの村だ。

女房が消えるのも困るが、お山が消えるのはもっと困る。もっとも俺(おら)も女房(かが)がいなぐなればタダのオドだ。

工藤さた（主婦）

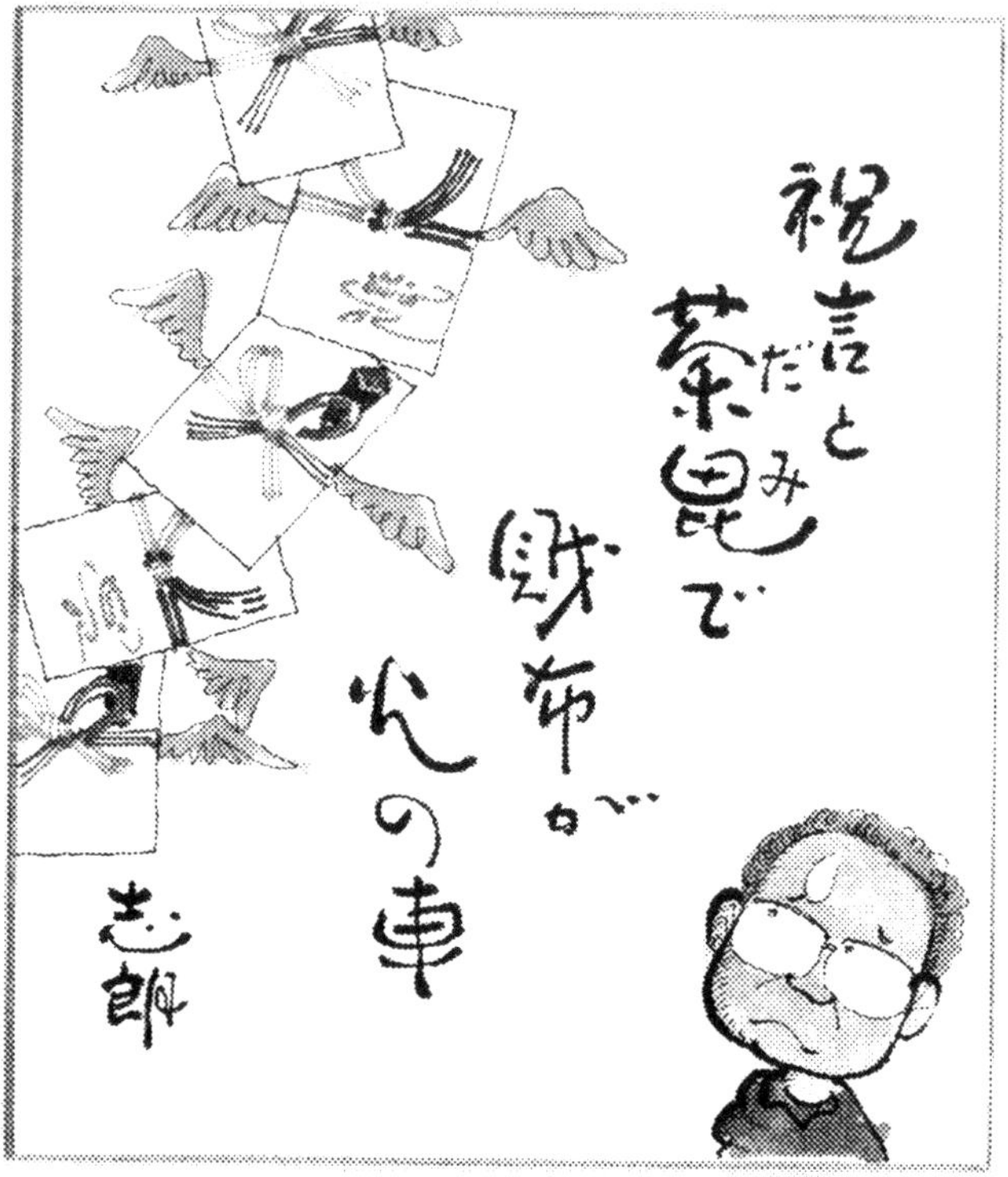

祝言と荼毘（だみ）で財布が火の車

志朗

「付ぎ合いだば家コも焼ぐ」と昔の諺にあるように、お付き合いは辛いもの。

　冠婚葬祭の他にもいろいろな祝い事や飲み会、広告、選挙から類焼までも、みんなみんな仲よく生きてゆくためのお付き合いのうちだ。

　何の付き合いもしなければ財布は楽になるだろうが、世間からはハンツケ（村八分）にされる事であろう。

　人並みな付き合いも知らない変わり者と云われる事の嫌さに「今日は祝言」「今日は法事」と月に三つ四つも続ければ財布の中は火の車。食べなくてもいい料理、飲まなくてもいい酒、無くてもいい引出物――。

　何日かは熱い飯（まま）サ納豆だけで過ごさねば駄目（まいね）わけですが、その方がほっとするのである。

＊荼毘―葬儀

村上志朗（随筆家）

さすが雪国津軽では大雪に対する表現が多い。のさのさど―のんのんと・のったど―のっそりと・わっつど―どかんと・のれ―思いっきり、等々。昔の人の表現力に唸らされる。少ない降り方の表現は、ぱさらぱさら―パラパラ・さじゃらっと―さらっと、などと多くない。

綿入れコに熱燗コの父(とっ)ちゃも母(かっ)ちゃも、だんだんと少なくなった。

今や雪国の家の中は暖房完備。したたかな暖房器具メーカーやビールメーカーの陰謀にみんなコロッとのせられて吹雪の夜も家の中でシャツ一枚でビールを飲む時代だ。

＊綿入れコ―羽織タイプの綿入れ着。

相馬銀波（農　業）

かんけいは関係と書くのかな。

このトランプゲームは津軽地方独特の遊び方だと知ったのは東京でくらした頃「かんけいやろう」と云った時、いっしょにいた仲間がだあれもそのかんけいをわからなかった時からである。びっくりした僕はいろんな県から来た人達に次々に聞いてみても誰もこのトランプ遊びを知らなかった。

それから僕は彼等にかんけいを仕込む事に熱中した。仲間達も徐々にこの遊びになれ、やがて彼等もかんけいに熱中しだした。

僕はかんけいの伝導師となり、毎晩のかんけいにより仲間達の関係もいちだんと良好となったのであった。

須郷井蛙（団体職員）

怒ったり、ぐだめいたりするとさっぱりすると思っている人がいるようだが、それはどうだろうか？　僕は人を怒ったり、人にぐだめいたりすると砂を噛むような、腹具合の悪いような気分になる。怒りもぐだめぎも結果的には何の問題解決にもならないのだと思う。

笑いや笑顔は人や運を呼び、ぐだめぎは人や運に見放される。なのに、ああ凡人の哀しさ。怒りやぐだめぎから解脱する事ができないでいる。来年は五十四。

＊ぐだめき—くどくどと不平を云う。

高瀬霜石（東光商会）

育って来た時代も、年令も家も家風も、性格も嗜好も、みんなみんな異なった同志が、ある日から同じ屋根の下でくらす。嫁、姑のテーマはあるべくしてある永遠の忍耐と試行錯誤のテーマである。

家中平和へのキーワードは次の三つだ。「我慢」と「思いやり」とそして「健康」。お姿ちゃんはカレーライスが嫌いかも知れない。シチューやハンバーグは口に合わないかも。でもいつでもお姿ちゃんは「ああ旨え旨え」って食べてくれる。

家中ニコニコみんな平和だ。子供もよろこぶ、家内も嬉しい。しかし何といってもいちばん有難いのは老若二人の間にはさまれている男の俺だ。

内山　孤遊（看護士）

「出稼ぎ」―マイナーな響きを持つ言葉である。ドイツではそれをガスト・アルバイターという。ガストはお客さまの意味でアルバイターは労働者という事だ。

仕事をしに来てくれるお客さまとでもいったところだろうか。例え内容が同じでもこちらの表現の方がナンボカいい。日本でも思いっきり「感謝勤労者」などとしたらどうか。イメージだけはぐっと高まる。

まあ、イメージはどうあろうと家族が離ればなれになって暮らさねばならないような事は一日も早くなくならなくてはいけないと思う。

美しい白鳥の飛来を家族がみんなで眺める楽しい日々は一体いつ来るのだろうか。

高橋岳水（高橋医院）

朝シャン、ヘアースプレー、スタイリングフォーム、スモークガードｅｔｃ…と若者が頭髪にかける情熱と時間と金額はすごいものがある。ポマードとヘアクリームぐらいで育ったおじさん達には理解を越える現象だ。

　女の子ばかりか、男もそれ以上に熱心に髪と取り組む。清潔なのは勿論とてもよい事なのだが頭の外がよければ中味はどうでもよいのだろうかと余計な事まで思ってしまう。

＊エフリコギ―いいふりをこく。いい格好しい。

成田順子（主　婦）

津軽。出稼ぎの暮らしは出かけて行く親父（おど）にも残された家族にもきびしく辛い。嫁と姑の緩衝帯になっている息子であり夫である親父（おど）がいなくなってしまうと、秋の風は家の中にもつめたく吹き込む。

長ーい冬ごもりに人間関係はつららとともに冷えこみ、家を守る嫁にはひときわさびしく辛い季節だ。氷柱（しがま）が溶けて、やっと亭主が戻ってくる三月。春の風はあたたかく嫁コの頬に吹きつける。

昔は亭主（おど）が帰ると子供達は大きな握り飯と味噌をつけた身欠き鰊を持たされて、「しばらく遊んでこい」と外に出されたという事だが、まさか姑サ握り飯と鰊持たせて外に追いやる事も出来まい。さいわい、最近はモーテルという便利な施設がある。

工藤寿久（篭　平）

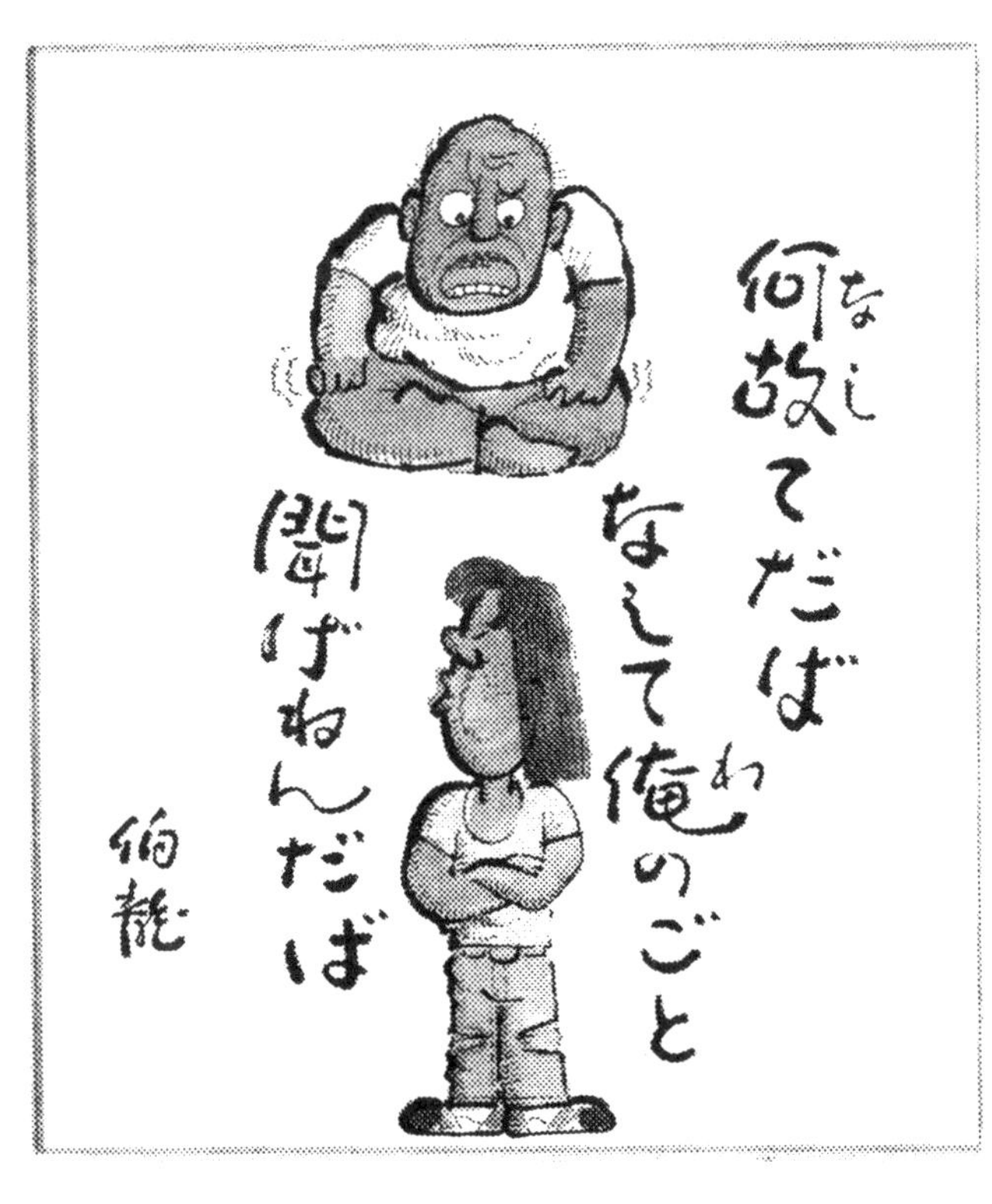

一家に自転車が一台しかなかった時代に育ったオジサン達には、子供がそれぞれにバイクや車を持っている贅沢?が理解できない。

定職を持って生涯コツコツと働いてきたオジサンにはフリーターが理解できない。

質実剛健が男子の生き方の美学であった頃のオジサン達には整髪に長い時間をかけ、数々の化粧品を持ち、おまけにピアスなんかをしている若者の事が理解できない。

不良は知っているがナンパは知らない。ことごとく理解できないオジサンである父親も子供に対する愛情は変わらない。

子供への愛情表現がことごとく否定されるとオジサンと**う**・**さ**・**ん**はとまどいと悲しみと絶望と、そして怒りをこめて「なしてだば……!」と叫ぶ。

渋谷伯龍（銘茶の玉雲堂）

下の息子が犬を飼っている。毎日たっぷり一時間は散歩をする。飼犬では幸せな方だと思うが、それでも二十四時間のうち一時間しか歩く自由がないのは気の毒である。

近所には一日中散歩もさせられず繋がれっぱなしの犬もいる。可哀想でしかたがない。

人間は身勝手で残忍な地球の暴力団だ。油まみれにされた海鳥や棲むところをうばわれて滅んでゆく動物達を、テレビで見ていると辛くなる。

人が手前勝手に忌み嫌うゴキブリを可愛いと見たこの句作者の視点は、何と優しく新鮮なことか！

＊めごい――めんこい。可愛い。

梅村北仙（梅村医院）

参考にした主なる文献

『津軽のことば』鳴海助一著　同書刊行会発行
『弘前語彙』　松木　明著　同書刊行会発行
『病む人の津軽ことば』　横浜礼子著
井沼章発行
『津軽ことわざ辞典』　佐々木達司編
青森県文芸協会発行

あとがき

最近、津軽弁の話をききたいからと招いて下さる人（グループ）が多い。それもほとんどは津軽の人達だ。

　方言がすごい勢いで消えていってる事と併せて、それが失なわれていく事を残念に思っている人達が沢山おられる事を肌で感じる。マス・メディアによる情報の平均化と教育に於ける平均化指向で地方の個性というものは無残に蚕食されている。

　津軽に限らず、全国どこの地方でも同じような状態にある事だろうと想像できる。みんな東京になってしまった日本なんて何だか気味が悪い。

　このたび沢山の方々の協力で『図夢inつがる弁3』を発刊する運びとなった。

　この巻が前二巻とくらべて異なるところは、文献から得た言葉よりインタヴュー取材による言葉の方が圧倒的に多かったという点である。そのためひとつの言葉でもいろんな云い方を並記したりもした。PART1が目で書いたものとすれば、2は耳で、今回の3は足で書いた巻といえよう。

　出掛けた先々で、いろんな方達から貴重な情報やご意見を頂載した。嬉しく、感謝に堪えない。また英訳は、今井建さんとアイルランドから津軽にお越しのマーク・ムーアさんにご協力いただいた。この欄を借りて御礼申し上げます。

索引

渋谷龍一（しぶたに・りゅういち）

昭和17年生まれ。

五所小学校，草薙小学校，時敏小学校と駐在警察官の父の勤務地に転校。

第一中学校，弘前高校，弘前大学農学部中退。東南アジアやヨーロッパ２年間じょっぱり旅行。**Hippo**（河馬）と呼ばれる。現在，「銘茶の玉雲堂」経営。三男の父。

これまで「つがるべん絵はがき」第一集～第四集（各10枚組）を玉雲堂より発行。'87年『図夢 in つがる弁』

'91年『図夢 in つがる弁２』'94『つがるべん川柳えはがき１・２』『つがる弁いろはかるた１・２』など多彩に活躍。

現住所・〒036　青森県弘前市田町３丁目２の８

図夢 in つがる弁パート3

1996年3月10日＊初版発行

定価850円
（本体825円）

著　者＊渋谷龍一　©　Hippo
発行者＊安田俊夫
発行所＊路　上　社
〒036　青森県弘前市元寺町９
電話　0172－36－8858　振替・02570-3-4178
印　刷＊新和印刷
製　本＊弘前製本

落丁・乱丁はお取替いたします。

小社の本は〈地方・小出版流通センター〉扱いで注文できます。

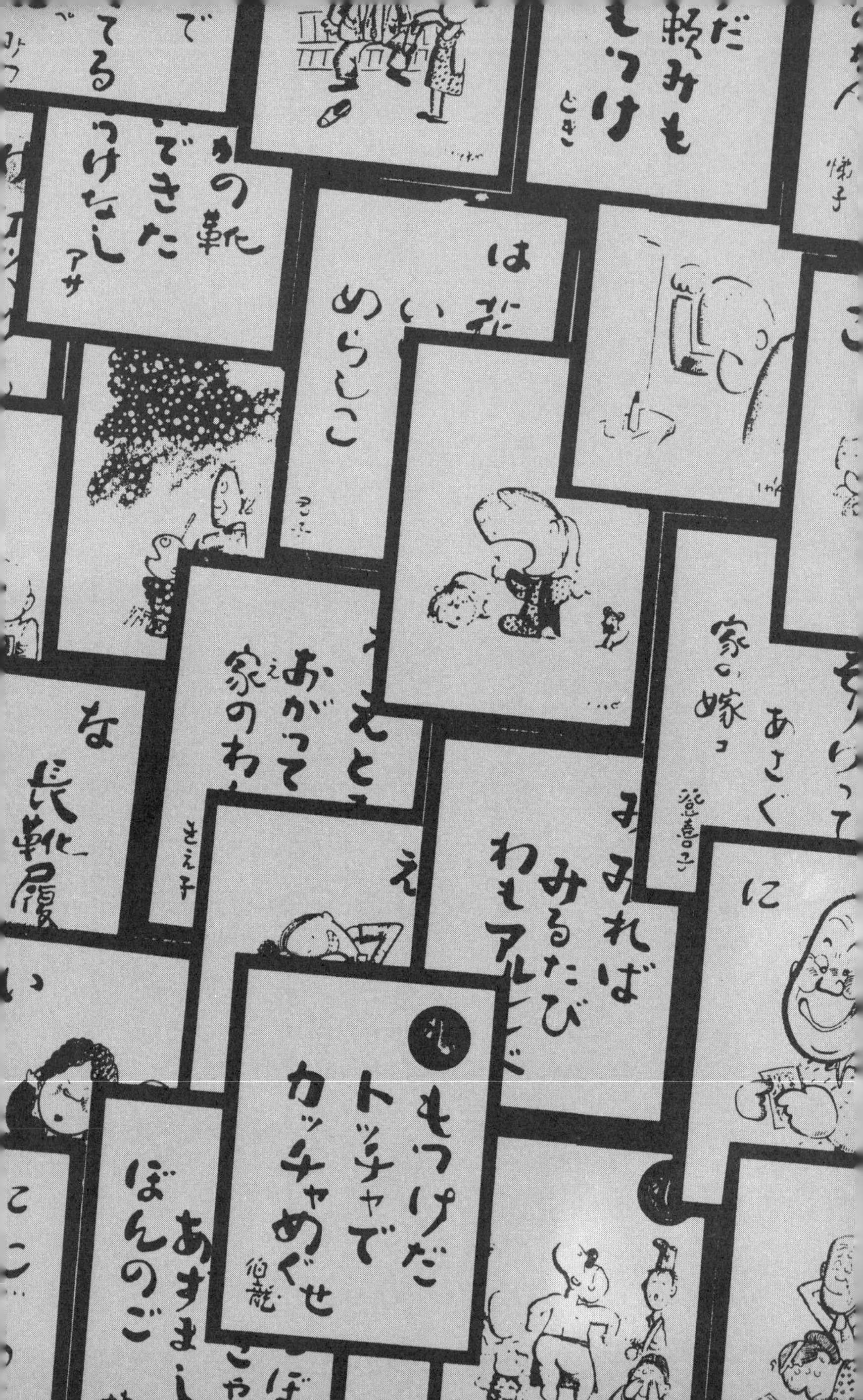

で
てる
だ
頼みも
もつけ
ときこ
かの靴
できた
つけなし
アサ
は
花
い
めらしこ
家の嫁コ
あさぐ
えとこ
おがって
家のわ
きえ子
な
長靴履
みれば
みるたび
わもアル
え
に
も
もつけだ
トッチャで
カッチャめぐせ
あすまし
ぼんのご
ここ